Ullstein Sachbuch

DAS BUCH:

Joseph Beuys (1921–1986), von vielen als Scharlatan, Guru, Magier abgetan, war ein Künstler, der die Dimensionen traditioneller Kunst und Kunstauffassung rigoros gesprengt hat. Dieser Band dokumentiert eindrucksvoll sein zentrales Anliegen: ein erweiterter Kunstbegriff – die »soziale Plastik«, ein neues Gesellschafts- und Weltmodell, in dessen Zentrum der kreative Mensch steht. Kunst und Kreativität als die einzig revolutionären Kräfte – über 100 Tage lang sprach und diskutierte Beuys auf der documenta 5 (1972) über diese Fragen und sammelte Erfahrungen zur Verwirklichung seiner Theorien.

DIE HERAUSGEBERIN:

Clara Bodenmann-Ritter, geboren 1927 in Basel. Der ersten Begegnung mit Beuys 1969 folgte eine intensive Auseinandersetzung mit dem Werk und dem Denken des Künstlers. Gründungsmitglied der Joseph-Beuys-Stiftung.

Clara Bodenmann-Ritter (Hrsg.)

Joseph Beuys
Jeder Mensch ein Künstler

Gespräche auf der *documenta* 5/1972

Ullstein Sachbuch

Ullstein Sachbuch
Ullstein Buch Nr. 34450
im Verlag Ullstein GmbH,
Frankfurt/M–Berlin

Geringfügig veränderte Ausgabe

Umschlagentwurf:
Theodor Bayer-Eynck
Foto: Ossinger/dpa, Frankfurt
(Ausschnitt aus: *Joseph Beuys mit der Nachbildung der Zarenkrone Iwan des Schrecklichen*...)

Printed in Germany 1992
Druck und Verarbeitung:
Clausen & Bosse, Leck
ISBN 3 548 34450 X

4. Auflage Juni 1992

Die Deutsche Bibliothek –
CIP-Einheitsaufnahme

Bodenmann-Ritter, Clara:
Jeder Mensch ein Künstler:
Gespräche auf der documenta 5/1972/
Clara Bodenmann-Ritter; Joseph Beuys. –
Geringfügig veränd. Ausg., 4. Aufl. –
Frankfurt/M; Berlin: Ullstein, 1992
(Ullstein-Buch; Nr. 34450:
Ullstein-Sachbuch)
ISBN 3-548-34450-X
NE: Beuys, Joseph; GT

24.10.93
Bonn
auf dem Weg
nach Köln

Inhalt, Redaktion

Der Beitrag von Joseph Beuys zur documenta 5 ist ein Büro für direkte Demokratie. Beuys ist einhundert Tage in Kassel anwesend. Er diskutiert mit Besuchern über die verschiedensten Themen, er spricht von morgens bis abends: Beuys steht Rede: »Redestehen ist auch eine Kunstform.«
Was beabsichtigt Beuys mit seiner Forderung nach »mehr Kreativität für jeden Menschen«? Viele, die einmal kommen, kommen wieder. Sie fühlen sich von Beuys angesprochen in ihrer natürlichen Sehnsucht, sich weiter zu entwickeln. Einige fühlen sich ganz einfach zu sich selbst ermutigt: ein erster Anstoß zur Entfaltung der freien Persönlichkeit. (»Man muß den Menschen schmackhaft machen, daß es interessant ist, sich völlig preiszugeben mit all den Fehlern, die man hat. Ich will nur den Menschen anregen, nicht zu warten auf einen idealen Bewußtseinszustand. Sie müssen mit den jetzigen Mitteln beginnen – mit ihren Fehlern beginnen«.)
Die Anregungen von Beuys bewirken Aktivität. Viele wollen etwas tun. In Deutschland und im Ausland bilden sich Arbeitsgruppen.
Die hier wiedergegebenen Gespräche wurden von Clara Bodenmann-Ritter an einem Wochenende im Büro Beuys aufgenommen. Sie entsprechen in ihrer unveränderten Diktion dem Verlauf dieser Gespräche, ja sie sind ein Bild vom Ablauf zweier Tage in diesem Büro. An wenigen Stellen des Manuskripts hat Joseph Beuys bestimmte Aspekte der Gespräche nachträglich vervollständigt oder deutlich hervorgehoben. Die Diskussionen gliedern sich in folgende Themen:

Der Mensch
Erziehung
Schule und Hochschulwesen
Kunst – der erweiterte Kunstbegriff
Christentum
Die politische Situation
    der westliche Privatkapitalismus
    der östliche Staatskapitalismus
Zur Parteienherrschaft
Manipulation
Die Arbeit – der Sinn der Arbeit
Hausfrauengehalt
Atomkraftwerke
Die Dreigliederung des sozialen Organismus (nach Rudolf Steiner)

... In unserem Modell schlagen wir vor, daß die Informationsebene zu Schul- und Hochschulwesen gehört.

*Zu Schule und Hochschulwesen?**

Ja. Das ist ja ein Bildungsproblem.

Das ist ja der Bereich, wo es zur Zeit am meisten Gruppen und Parteien gibt.

Ja. Parteien gibt's nicht.

Das ist ja nur ein anderes Wort.

Doch. Politische Parteien ist doch etwas anderes als Gruppen.

Ja, aber ich meinte, die Zensur ist doch zur Zeit an der Uni mit am stärksten.

Aber doch nur durch den Staat.

Nein. Durch Gruppen, die sich dort selbst gebildet haben.

Aber doch keine Zensur. Da gibt's sehr viele Gruppen – mit irgendeinem, sagen wir mal, mehr oder weniger ideologisch unterschiedlichen Lehrinhalt. Und sagen wir mal so: Wir bedauern ja auch, daß sie sich zum Teil bekämpfen. Das muß ja mal anders werden.

Das müssen sie doch. Der CDS muß sich doch mit dem Spartacus bekämpfen.

Ja warum?

Daß die sich bekämpfen, ist doch jedenfalls das Normalste.

Aber nicht sich gegenseitig bekämpfen ... Sie können sich ja besser solidarisieren an Aufgabenstellungen. Es gibt ja einen riesigen Katalog von Aufgaben, die zu lösen sind.

Aber würden Sie nicht sagen, daß das gegenwärtige Fernsehen weniger zensiert ist, als innerhalb der Hochschule zur Zeit üblich?

* Im folgenden: *Kursiv* alle Beiträge, die nicht von Beuys sind.

In der Hochschule sehe ich gar keine Zensur. Da sehe ich nur das Wirken des Staates als einen Steuerungsmechanismus ... mit Numerus clausus und diesen Problemen ... und Prüfungsordnung, wogegen die Studenten sich stemmen. ... Das Volk hat sich ja noch nicht mal ein Hochschulgesetz, ein Schulgesetz schaffen können. Das macht ja heute alles der Staat. Wir haben noch gar kein Schulrecht, ein demokratisches.

... Wie ist das in der Schule, die sich selbst verwaltet?

Das ist der Autonomiebegriff. Die Selbstverwaltung der Schule. Was hat denn der Staat zu suchen im Schulwesen?

Ja, zum Beispiel, daß er versuchte, die Schulen vor der Kirche zu schützen. Deshalb hat er ja die Schulen im 19. Jahrhundert übernommen.

Aber er schützt sie ja gar nicht vor den Kirchen. Schauen Sie mal, ein freies Schulwesen würde selbstverständlich der Kirche das Recht einräumen, ihre kirchlichen Schulen zu gründen in selbstverwalterischer Form. Aber jetzt haben wir doch Staatsschulen.

Aber schauen Sie doch einmal das Problem der Konfessionsschulen an. Da sitzt doch die Kirche ganz dick drin.

Sicher.

Ich wurde als Lehrer – ich bin ja auch Hochschullehrer – als ich berufen wurde, da hatte der Herr Kardinal Frings noch ein Wort mitzureden. Das heißt, die spielen heute überall mit, die Kirchen.

Aber nur bei der theologischen Fakultät.

Ich bin doch kein Theologe, ich bin doch Bildhauer.

Was hat denn der Frings ...

Ja sicher. Natürlich ... Überall mischen die mit. Ich will nur sagen: Der Einfluß der Kirche würde sogar durch die Autonomie beschränkt. Da müßte sie nämlich ihre Schulen gründen, ihre eigenen.

Ich wollte noch fragen: Wie ist das in so einer autonomen Schule, wo nun diese Lehrer und Eltern und Schüler beschließen: keinen Religionsunterricht?

Ja, dann ist das doch gut.

Beziehungsweise, die einen wollen …

Dann gehen sie auf eine entsprechende Schule. Also ein alternatives Angebot, eine Vielfältigkeit von Schulwesen streben wir an.

Das wäre dann das andere: eine kirchliche Schule.

Das muß ja keine sein.

Also die freie Schule meint doch, daß innerhalb einer Schule alles Mögliche möglich ist?

Nein, nein. – Keineswegs … nur möglich muß alles sein, was aus pädagogischen oder methodischen Gesetzen heraus für jeweils notwendig angesehen wird.

Sie äußern in bezug auf Ausbildung überraschenderweise dieselben Ideen, wie sie der Anthroposoph Steiner hatte.

Wir arbeiten ja auch nach dem Dreigliederungsmodell von Rudolf Steiner. ?

Ah so!

Ja, ja. Wir würden ja viel zu kurz greifen, wenn wir nur sagen würden: »Direkte Demokratie« – und keine Vorstellung für eine zukünftige Gesellschaftsordnung diskutieren würden.

50 Jahre zwischen Steiner und heute, und dann dasselbe!

Das wird ja neu überlegt, wird ja ganz neu überlegt.

50 Jahre Vakuum zwischen Steiner und heute.

Kein völliges Vakuum. Denn immerhin gibt es ja Waldorfschulen, beispielsweise. Das war ja der Rest der Dreigliederungsidee.

Wir kennen gerade Leute, die ziehen mit ihren fünfjährigen Kindern um, damit die in einer Waldorfschule eingeschult werden können.

Das heißt, es ist ein großer Bedarf nach solchen Schulen vorhanden.

Ja.

Und das Angebot ist zu gering. Schon wieder haben wir das Problem der freien Schulen. Weil viele Menschen – oder mehr und mehr Menschen erkennen: Staatsschulen schaden, sind schädlich – sind verbrecherisch, sagen sogar viele. Die Eltern nehmen ihre Kinder einfach von den Schulen, sagen: Schule ist schädlich.

Die Frage ist: Wenn der Staat das Schulwesen nicht übernimmt, sondern das privat organisiert ist, dann kann man in Privatschulen genau so manipuliert werden.

Aber man hat dann die freie Entscheidung.

Weshalb funktioniert man denn nicht den Staat um, daß er Waldorfschulen macht?

Davon haben wir nicht gesprochen. Wir haben erst mal davon gesprochen, daß es freie Schulgründungen geben muß. Weiterhin haben wir davon gesprochen, daß das Schulwesen autonom sein muß – in die Selbstverwaltung derer übergeht, die dort arbeiten. Und dann haben wir erst davon gesprochen, daß es ja vielerlei Privatschulen schon gibt – und daß es dazu möglichst viele freie Schulen geben müßte, die den Privatschulcharakter überwinden und ein reiches Angebot an Bildungsmöglichkeiten vorlegen. Denn so würde es weitergehen in Richtung der Befreiung des Geistes im ganzen kulturellen Leben, von der Unterdrückung durch den Staat und durch politisch mächtige Wirtschaftsinteressen.

Dann könnte man ja die staatlichen Schulen freiheitlicher machen. Den Unterschied zwischen Privat- und Staatsschule wird es dann immer weniger geben.

Ich meine ja auch nicht Privatschulen, sondern freie Schulen. Ich nenne es »freie Schulen«, denn Privatschulen sind keine freien Schulen, sie sind nur frei für die, die dort hinein können, durch finanziellen Vorsprung oder andere Privilegien. Privatschulen sind »elitäre« Schulen. Wir brauchen öffentliche freie Schulen.

Genau richtig. Das sind öffentliche Schulen, die mehr von sich aus organisiert sind, aber selbstverständlich vom Staat finanziert sein könnten, d. h. daß der Staat bezahlt, ohne daß er schon den Inhalt deshalb bestimmt.

Richtig. Aber bitte der demokratische »Staat«, der Rechtsformen ausgebildet hat, die das Geld, Kapital, in die sozialen Aufgabenstellungen lenkt.

Aber was machen Sie als Hochschullehrer, wenn jetzt tausend Schüler zu Ihnen kommen, die alle verschieden ausgebildet sind?

Ja, das ist doch sehr wichtig für mich, daß ich nicht einen Menschentyp bekomme, der schon gebügelt ist.

Ja natürlich, als Bildhauer ist das richtig. Aber als Wissenschaftler?

Auch für die Chemie ist das wichtig.

Als Wissenschaftler – jetzt haben sie ganz anders Physik aufgebaut und...

Das ist doch gut! Physik kann man nach der Methode und nach der Methode und nach der Methode lehren, erforschen und handhaben.

Also, nach der Methode können Sie nicht mehr ausbilden, also das können Sie nicht so leichthin sagen.

Sie wollen doch nicht...

Auch als Jurist,

Ja, Geduld...

da brauchen Sie einen ganz bestimmten... Sie dürfen nicht von der Bildhauerei denken.

Nein. Moment! Ich denke nicht von der Bildhauerei. Ich habe selbst Naturwissenschaften studiert und weiß, daß man Chemie so lehren kann und so lehren kann und so. Methodisch. Es kommt ja auch überhaupt erst in Frage nur für das Alter, bis einer auf die Universität geht.

Auch auf der freien Universität wird er also wieder ein reiches Angebot haben. Er wird sagen: Ich gehe entweder zu dem, zu dem oder zu dem. Denn im Bereich der Chemie gibt es ja auch sehr viele unterschiedliche Methodiken.

Daß nicht nur eine Methode zum Heil führt – das finde ich auch langweilig, wenn wir alle dasselbe denken.

... Das erfordert dann diesen dazu erzogenen Menschen.

Ja. Jetzt sind wir wieder am Ausgangspunkt. Jetzt sind wir wieder an unserer echten Aufgabenstellung, daß wir uns zunächst als Schulungs- und Informationsstätte verstehen für Demokratie, für Dreigliederung und so weiter.

Das wäre also dann eine Art Kreislauf?

Dafür müssen wir eben sorgen, daß es organisch so ausgebaut wird, daß es so funktioniert, wie der Mensch selbst funktioniert in seinem Innern, wie seine Organe funktionieren.

... Erst einmal in einer Einsicht, die man in die Sache nimmt. Zweitens, indem man sich eine Vorstellung bildet... von einer Gesellschaftsordnung, die etwas ganz Neues ist, die es noch niemals gegeben hat. Das heißt einfach: Freiheit, Demokratie und Sozialismus verwirklichen – den freien demokratischen Sozialismus. Und dazu benötigt man das Dreigliederungsmodell, also die Entflechtung im großen Stil – daß der Bereich Kultur, also alles das, was Geistesleben ist, selbst verwaltet wird, daß die Grund-Rechtsstruktur in ihren Grundprinzipien vom Volke allgemein gewählt wird, und daß ebenfalls das Wirtschaftsleben autonom wird, aber sich halten muß an die demokratische Volksverfassung.

... Unser Weg ist, nach und nach in die Verfassung dementsprechend Gesetze hinein zu bekommen... Damit wir aber am Ende des Jahrhunderts da sind, müssen wir ja jetzt an der Sache arbeiten.

... Es gibt sehr viele Menschen, die das inzwischen einsehen. Es gibt schon eine große Anzahl von Menschen, die also Einsicht haben in die Sache und die dementsprechend handeln wollen. Also muß man diese Minderheiten stärken.

Aber durch was für Mechanismen?

Durch Handeln. Durch Denken und Handeln. Es gibt keine andere Möglichkeit.

... Hier stellen wir das Modell einer Informationsstätte vor. Wir haben ein Interesse daran, daß in der nächsten Zeit so viel wie möglich Informationsstellen entstehen als Schulungsstätten für Demokratie, für Freiheit, Demokratie und Sozialismus. Das ist unsere Aufgabe. Wir können das nur so gut wie möglich lösen, zeigen damit oder stellen damit etwas heraus, was modellhaft wirken kann, d. h. das andere Menschen dann auch tun.

Wenn wir beispielsweise jetzt hier von Kassel weggehen, wird eine Arbeitsgruppe, oder werden vielleicht zwei Arbeitsgruppen, hier in Kassel an den Dingen arbeiten. Wir wollen ein Schneeballsystem ausbilden. Wir wollen also eine Netzarbeit durch Europa aufbauen, die an diesen Dingen arbeitet – nicht? Ich kann nur sagen: Wir können es natürlich nur so gut wie möglich machen.

Wenn Sie also versuchen, innerhalb eines Schneeballsystems möglicherweise Alternativmodelle anderer Schulen, Subkultur oder wie Sie es nennen wollen...

Nein. Subkultur wollen wir nicht. Das habe ich nicht gesagt. ... nicht darum handelt es sich, daß in der Subkultur einige sehr gute Elemente arbeiten. Wir wollen nicht nur Subkultur, wir wollen richtige Kultur.

Das wird halt so deklariert als Subkultur. ?

Weil es sich als Gegengesellschaft versteht.

... Also die Leute, die in Ihrem Sinne arbeiten, erkennen diesen Unterschied nicht mehr an, Subkultur oder Kultur.

Ich erkenne ihn sowieso nicht an. Wir erkennen ihn nur unter bestimmten Voraussetzungen an.

Sie müssen doch einsehen, Herr Beuys, daß da ein gewaltiger Mechanismus daneben steht. Das heißt, wenn Sie also jetzt Ihre Schule haben, da geht also jetzt irgend jemand rein – damit ist er immer noch nicht befreit vom Schulzwang, der von staatlicher Seite ihm aufgezwungen wird. Das heißt, er darf nicht zum Beuys gehen, sondern er muß in eine staatliche Schule rein. Da kommt er gar nicht drum herum.

Ja, warum...

Nein, der kann nicht zu Ihnen gehen.

Sicher.

Bauen Sie eine Grundschule auf, die...

Das ist genau meine Idee. Ich will eine freie Schule für Kreativität und interdisziplinäre Forschung in Düsseldorf gründen. Ich hoffe, daß es mir gelingt. Kann doch jeder zu mir kommen. Diese Schule hat doch einen Rechtsstatus. Das Grundgesetz gibt doch genügend Möglichkeiten, beispielsweise freie Schulen und Privatschulen zu gründen mit neuem Modell.

Für wieviele denn?

Ja, klar. Auch das kann nur natürlich wieder ein Anfang sein. Das kann auch nur wieder ein Beispiel setzen, was Interesse erweckt. Daß die Leute sagen: ja, so geht's besser, also wollen wir so.

Und die Verfassung gibt dazu die Möglichkeit?

Sicher.

Das bestreite ich.

...Zunächst ist eine Schule ja dafür da, Fähigkeit, d. h. Bewußtsein zu entwickeln. Und wenn die Schule das Bewußtsein entwickelt, dann werden die Kinder schon erkennen, wie eine zukünftige Gesellschaftsordnung auszusehen hat; das heißt, ein soziales Gefühl oder eine soziale Empfindung oder ein soziales Wissen kann man in einer solchen freien Schule lernen.

Nur da, sicher. Aber in unserer Normalschule darf man das ja nicht, das ist ja klar.

Moment mal!

Was heißt denn: darf man nicht? Man kann so vieles tun, was im Sinne des Diagramms hier oder dessen, was hier gesagt wird, liegt, ohne daß man gleich zurückgepfiffen wird.

Ja. Die meisten versuchen es ja nicht. Die meisten reden nur immer.

Aber erwünscht ist es nicht.

Du mußt ja nicht das tun, was erwünscht ist, sondern was Ergebnis deines Denkens ist.

Das Denken, das muß halt erst gefördert werden.

Das Denken muß bei allen gefördert werden...

Es wird aber nicht getan.

Du sagst, es wird nicht getan. Ich bemühe mich aber schon seit Jahren um diese Sache.

Du willst also eine Schule machen, wo das getan werden kann, wo also die Lehrer...

Es gibt auch andere Schulen, wo das getan werden kann. Du mußt dich hüten vor diesen pauschalen Urteilen. Es gibt genügend Intentionen bei Menschen, die in diese Richtung hinein denken. Also muß man diese Menschen zusammenorganisieren. Sie müssen, sagen wir, eine Netzarbeit betreiben und müssen es der Mehrheit mehr und mehr beibringen, in welche Richtung man denken muß.

Sisyphosarbeit!

Nicht Sisyphos. Ist eine schwere Arbeit. Aber diese schwere Arbeit ist eine lohnende. Und interessant gerade, weil sie schwer ist.

Muß aber erst mal ein Anfang da sein.

Ein Ansatz ist doch schon vorhanden.

Natürlich ist hier ein Ansatz. Ich finde ihn auch wichtig, den Ansatz. Ich bezweifle nur, daß er die etablierte Kraft...

Dein Zweifel nützt aber nichts. Stellen wir mal fest, daß dein Zweifel dir nichts nutzt. Wenn du etwas Gutes erkannt hast, d. h. wenn du eine Vorstellung hast, wohin man müßte, nützt einem doch der Zweifel nicht. Indem man verzweifelt vor der Schwierigkeit. Daß man sagt: Die Macht ist so groß, die Gegenmacht ist so groß...

Da haben wir uns falsch verstanden. Es fehlt mir am Wege, das ist bei mir...

Das ist vollkommen berechtigt. Aber das kannst du nicht in alle Ewigkeit nur im Kopfe tun, sondern nach Möglichkeit versuche ein Modell zu praktizieren. Daran macht man nämlich viel mehr Erfahrung, als wenn man nur im Kopfe über die Dinge nachgrübelt.

Na ja. Und diese Zweifel, so verstanden wie Sie's eben äußern, wären dann ein ständiges Verzweifeln, während zweifeln ja auch anders interpretiert werden kann.

Ich verzweifle überhaupt nicht, nee.

Aber das ist eine Art von Resignation.

Bei mir? Nee, entschuldigen Sie mal. Wenn ich Kritik übe, ist das zunächst mal positiv.

Moment mal. Welche Kritik?

Ich übe doch die Kritik, daß also mit diesem Alternativmodell, wie ihr es euch denkt...

Du kennst es ja noch... Du kritisierst erstens mal eine Sache, die du noch gar nicht zur Kenntnis genommen hast. Jetzt lies das doch erst mal im Detail durch. Findest du dann die Fehler, dann bist du herzlich eingeladen, mir die Fehler zu sagen. Du willst jetzt generell etwas kritisieren, was du noch gar nicht ausreichend zur Kenntnis genommen hast.

Nein, meine Kritik ist, ganz eindeutig, ohne jetzt genaue Kenntnis hiervon; es ist doch eine positive Kritik, keine destruktive Kritik.

Ja, ja.

Ist doch nur die Kritik, daß mit diesem Schneeballsystem – und das ist doch nun eine Frage, die letztlich nicht durch das Heft erarbeitet – sondern das ist 'ne Frage, die kann man möglicherweise jetzt vom Sensus her bestimmen –, daß ein solches Schneeballsystem eine unheimliche Zeit braucht, und die Effektivität unheimlich gering ist.

Ja, wenn du aber nun im vornherein verzweifelst.

Ich verzweifle doch nicht.

Nein.

Ich bin doch nicht... Ich will ja auch dieses Alternativmodell haben, ich will also auch irgendwo einen vernünftigen Sozialismus durchführen. Ich bin aber nicht der Meinung, daß man das damit schafft, indem man das schneeballmäßig jetzt produziert.

Ja, dann sag mir, wo man's denn mit schafft.

Ja, so einfach... ich würde sagen, also in den zuständigen Stellen langsam reinrutschen und dann dort...

Ja, das tun wir doch.

Nein, ich glaube, das wäre der größere Multiplikator.

Was ist denn damit gemeint?

Diejenigen Leute, die dann möglicherweise wieder in diese Schulen kommen, sind ja doch wieder nur die Kinder, deren Eltern es ermöglichen können, oder deren Eltern bereits Bewußtsein haben. Denn der normal bedachte Elternteil wird seine Kinder nicht auf so eine Schule schicken. Das müssen Sie doch einsehen.

Wieso denn? Die reißen sich doch da jetzt schon drum. Denn ich praktiziere ja im Prinzip jetzt schon in einer Staatsschule eine freie Schule. Das heißt: ich kümmere mich nicht um das Kultusministerium.

Das weiß ich. Aber, ist das auch sinnvoll, ist das richtig? Sagen wir, die Leute, die nun zu Ihnen kommen, sind doch wieder nur solche, deren Eltern es ermöglichen konnten...

Ach was! Ich habe doch einen ganzen Haufen Arbeiterkinder, die gar nichts haben. Da setze ich mich dann für ein Stipendium ein, solange es nichts Besseres gibt.

Arbeiterkinder können ja auch ein Bewußtsein haben, ein gutes Bewußtsein haben.

Richtig.

Aber es geht doch darum, bei Leuten Bewußtsein zu wecken, die keins haben.

Wo kann man denn Bewußtsein wecken? ... Schule ist doch universell. Das heißt, auf der Straße – wenn du im Gemüseladen mit Menschen über die Dinge hier sprichst, ist die

Schule in dem Moment im Gemüseladen. Das heißt, der schulische Prozeß findet ja nicht nur in Schulen statt, sondern er beginnt, wenn Menschen mit Menschen über diese Dinge sprechen.

Deshalb bin ich auch der Meinung, daß ich der größere Multiplikator wäre, wenn ich jetzt Lehrer wäre. Ich bin also keiner. Gesetzt der Fall, ich wäre also Lehrer, auf der Hauptschule, auf der Realschule, irgendwo, dann habe ich doch mit Sicherheit den größern Prozentsatz an nichtwissenden Schülern, an bewußtseinsschwachen Schülern als meinetwegen du auf deiner Schule, wo ein großer Teil interessenmäßig gleich gelagert ist.

Das ist ja richtig, was du sagst – wenn du sagst, du müssest der Multiplikator sein. Ich kann ja nicht alleine die Multiplikation schaffen. Also mußt du machen. Jeder muß. Jeder! Ich will ja nur anregen, daß jeder das nun in die Hand nimmt, diesen Schulungsvorgang. Jeder, der's im Moment schon kann oder der's schon wissen könnte – man braucht nicht eine geniale Fähigkeit irgendwo zu haben. Grade die Fähigkeit, die man im Moment hat, muß zur Wirkung kommen.

Es geht mir einfach darum: Wie effizient kann ich überhaupt alle diese Probleme umsetzen?

Aber nicht dadurch, daß man, wie du sagst, sich langsam in Institutionen hineinschleicht, von denen aus man dann einen größern Einfluß hat; sondern in dem Augenblick, wo man erkannt hat, daß so etwas richtig ist, fängt man an, daran zu arbeiten. Das ist egal, ob du an der Drehbank stehst oder...

Was ist denn dein Beruf? Wahrscheinlich ist in deinem Beruf die Möglichkeit durchaus gegeben.

Redakteur. (Lachen)

Das ist ja enorm:

Das ist ja der Superberuf dazu!

Ist es denn nicht 'ne klare Frage, daß es leichter ist, einen bestehenden, für uns negativ erscheinenden Prozeß durch den Prozeß selber abzubauen als eine Gegenkraft aufzustellen? Wenn ich also jetzt beispielsweise oder Leute aus meinem Metier, eine »Gegen-Bild« Zeitung machen wollte, wäre das ein irrsinniger Aufwand... Wäre das nicht sinnvoller, wenn man in den Springer-Verlag reingeht?

Das wäre ja zum Beispiel eine Aufgabe für dich. Geh du zum Springer-Verlag und versuche, die Springer Zeitung zu ändern.

Ja, ich werd's nicht können.

Ich gehe in die normale Staatsschule und versuche, die Staatsschule zu unterwandern. Ja! Aber ich verzichte weiter nicht, ich verzichte dann wiederum nicht darauf, auch außerhalb etwas zu machen. Man kann doch in den Institutionen etwas machen, indem man versucht, sie zu unterwandern, und kann modellhaft außerhalb etwas machen. Das heißt, man muß sowohl als auch machen. Das ist meine Meinung. Man muß ja sowieso methodisch sehr vielfältig arbeiten. Man muß immer jeweils das aufgreifen, was möglich ist. – In Süddeutschland haben wir auch Gruppen, die an derselben Sache arbeiten, aber methodisch anders. Und was in Schleswig-Holstein anfaßbar ist im Moment, das kann ich doch von hier aus gar nicht beurteilen. Das müssen die aus ihrer eigenen Initiative beurteilen, weil sie die Lebensverhältnisse besser kennen: welches Problem ist das wichtigste, was hat Priorität? Welche Methode ist geeignet – entweder zu unterwandern oder ein Modell außerhalb hinzusetzen, was beispielhaft wirkt, nicht?

Gibt's denn, sagen wir, eine Vorstellung jetzt weg vom Parlamentarismus – wohin? Zum Rätesystem?

Zur Volksherrschaft. Ja, Rätesystem oder aktive treuhänderische Verwaltung, nennen wir das.

Ja, Gut. Also ein Rätesystem.

Ja. Richtig. Aber ein echtes, ohne Zentralregierung.

Ohne Zentralregierung? Und wer regelt denn die überregionalen Notwendigkeiten?

Die Treuhänder. Die Räte – die sozusagen nur in einem entsprechenden Aufbau von unten nach oben sich entwickeln, aber nicht eine Regierung von oben nach unten. Komischerweise sagen viele: ... Rätemodell ist gut; aber sie wollen durchaus zum Beispiel nicht die Regierungsform abschaffen. Aber wir wollen die Regierungsform von oben nach unten ganz abschaffen und wollen nur die Regierungsform von unten nach oben. Dann kommt man schon organisch zu Zentralorganen, die nicht zentralistisch wirken.

Eine Dezentralisation, nicht?

Ja, das will ich nicht sagen, denn zentrale Aufgabenfunktionen braucht man. Dezentralisation würde für mich nicht alles bedeuten. In diesem Fall: Wie sieht das Zentralorgan für die Selbstverwaltung aus?

... Aber Regierung von oben nach unten ist ja optisch immer noch da. Auch beim Rätesystem ist doch irgendwo eine Spitze.

Ein Repräsentant. Beispielsweise ein erster Vorsitzender. Aber die Regierungswirkung geht dann nicht mehr von oben nach unten, d. h. Parteien können nicht mehr über die Mehrheit ein Gesetz schaffen, wie es jeder paßt, ohne die Mehrheit zu fragen, wie das jetzt möglich ist, oder wie das auch in Sowjetrußland möglich ist, sondern hier muß das Volk gefragt werden bei Entscheidungen beispielsweise, die sich auf die Verfassung beziehen. Und die andern Rechtsentscheidungen unterliegen den sich selbst verwaltenden Gremien, als Betriebsverfassungen, Schulverfassungen usw.

Ja, das finde ich schon sinnvoll. Das ist klar.

Das setzt voraus, daß jeder politisch ist.

Ja. Es läßt sich kein Lebensgebiet in der Zukunft mehr befreien von diesem Begriff. Das heißt, die Menschen werden, nicht wahr, den sozialen Organismus erkennen. Daß sie im Zusammenhang denken müssen. Daß sie nicht nur an Schulen denken müssen, sondern an Rechtsstruktur denken müssen, und an ökonomische Strukturen denken müssen. Sie müssen immer den gesamten sozialen Organismus durchdenken.

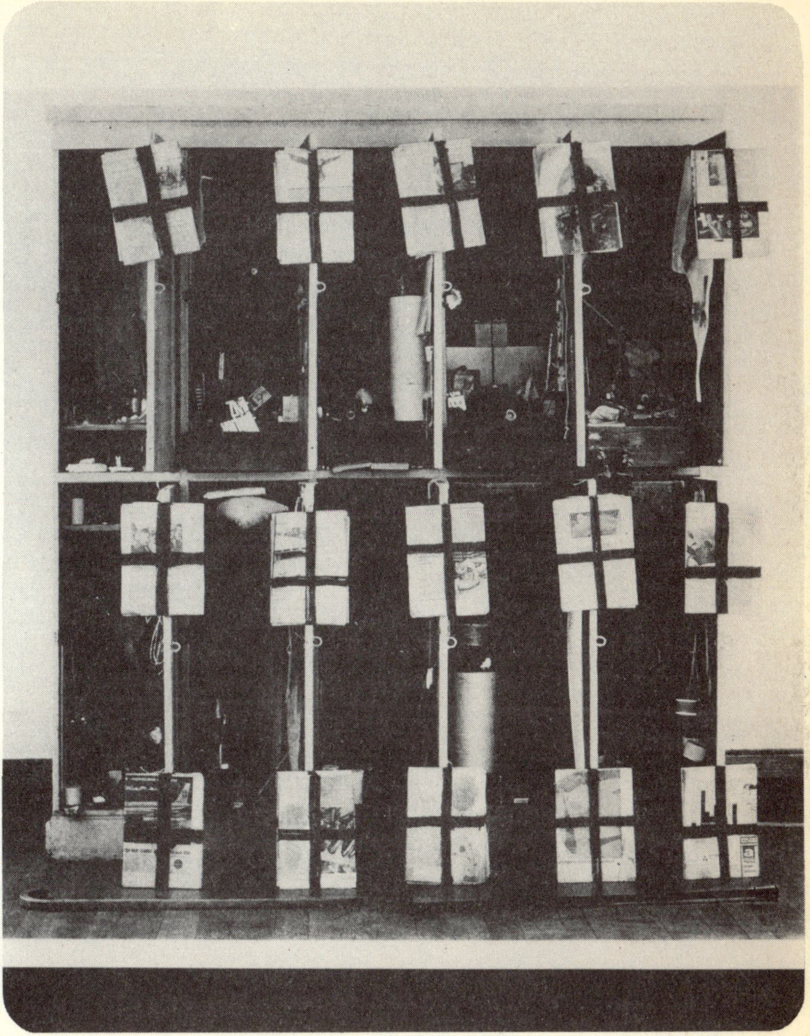

Joseph Beuys: »Szene aus der Hirschjagd«, 1963 (Mit freundlicher Genehmigung des Photographen, Dieter Koepplin, Basel).

...

Das heißt »Szene aus der Hirschjagd«. Das ist ein Objekt, was in einer Aktion eine Rolle gespielt hat, die ich um 1963 gemacht habe, also eine Darstellung auf der »Bühne«... Und die ganze Aktion hieß »Szene aus der Hirschjagd«. Nein, die ganze Aktion hieß: Hirschjagd. Und dieses hier muß man wie eine Art »Bühnenbild« verstehen, ein Detail, nicht?

Jetzt versteh' ich. Ja, aber, natürlich, man hat dann einen andern Eindruck – und zwar sehr eindrucksvoll, aber – ich wußte den Titel nicht. Den hab' ich erst später in dem Buch gelesen.

Ja.

Und der steht auch nicht dabei. Finden Sie nicht wichtig, daß der Name dabei steht, also was Sie sich dabei gedacht haben?

Ja, ich finde es ein bißchen schlecht, daß das Museum die Dinge nicht ein bißchen im Zusammenhang bringt. Das müßte besser sein.

Ach so!

In Darmstadt.

Ich dachte, Sie wollten gar nicht, daß das Wort dabei steht.

Ja, der Titel weniger, aber daß eine kleine Beschreibung da läge, daß man sieht, wie die einzelnen Dinge gemeint sind.

Ich verstehe. Das war dann nicht Ihre Absicht, daß das so ist?

An und für sich nicht. Das liegt daran: das Museum ist ein bißchen überfüllt. Es ist alles ein bißchen unheimlich gedrängt.

Ja, ja.

Es könnte wesentlich besser aufgebaut sein.

Also dann macht es an sich nichts, daß man sich nicht vorstellt, was Sie sich vorgestellt haben?

Nein. Es ist nicht zwingend.

...

Interpretation finde ich unkünstlerisch. Kunst ist doch schon das Mittel, durch ein Bildhaftes etwas sichtbar zu machen. Durch verfrühte Interpretation macht man die Wirksamkeit des Bildes kaputt. Man soll sie zuerst erleben, beim ersten, beim zweiten, beim dritten Mal. Dann erst kann die Interpretation interessant sein.

...

... *Daß das direkt von unten nach oben geht?*

Direkt! Das heißt, direkt insofern, als alle gemeinsam die Verfassung formen, nicht? Nicht aber machen alle gemeinsam – stimmen über Dinge ab, wo Sachkenntnis die Voraussetzung für die Urteilsbildung ist. Also es wird unterschieden zwischen den Verfassungsfragen als Grundrechtsfragen, die durch das ganze Volk gemeinsam beschlossen werden, und zwischen demokratischen Entscheidungen oder Verfassungen, die von den Mitgliedern, den im jeweiligen Lebensbereich Tätigen, geformt werden. Also beispielsweise als Betriebsrecht, oder als Schulrecht usw. Da wird unterschieden, nicht?

Und den Kapitalismus, den können Sie dadurch aufheben?

Ja, natürlich. Der wird dadurch aufgehoben, indem ...

... *wenn die Gesellschaft überhaupt fähig ist dazu.*

Ja nun. Sicher. Jetzt kommst du natürlich an einen Punkt, an dem wir real stehen. Das heißt, das wissen wir auch, daß die Gesellschaft zum Beispiel noch nicht einmal dieses Verfahren kennt. Noch nicht einmal sozusagen weiß überhaupt, was Demokratie ist, und so weiter und so fort. Also müssen wir erst an die Einsicht appellieren. Wir müssen regelrecht die Einsicht aufbereiten. In dieser Weise verstehen wir uns als eine Schulungsstätte und Informationsstätte. Und das Modell soll Nachfolge finden, also es soll nach Möglichkeit in jede deutsche Stadt – in alle Landbezirke hinein sollen Informationsstellen als freie Foren für die Diskussion in Richtung Demokratie, Freiheit, Sozialismus.

Und wie wollen Sie den Kapitalismus ausschalten?

Nur durch die Konkurrenz. Das heißt, nur indem man dieses konkurrieren läßt mit dem Bestehenden, wird es sich ja zeigen, wozu die Mehrheit greift, nicht? Wozu die Mehrheit greift. Wir meinen, daß die Mehrheit ein Interesse daran hat, beispielsweise sich selbst zu bestimmen. Und an diesem, sagen wir, Interesse – ja – müssen wir beginnen. Bei diesem Interesse müssen wir beginnen. Und auf diesem Wege werden wir nach und nach in die Verfassung Gesetze hinein bekommen, meinen wir – ja –, die auch sukzessive das abbauen, was man beispielsweise bei uns Privatkapitalismus nennt, oder das Prinzip der repräsentativen Demokratie oder der Parteienherrschaft, wie wir sie nennen.

Haben Sie eine Vorstellung, wie Sie das verwirklichen wollen?

Ja. Volksherrschaft heißt in meinen Augen, nicht wahr: alle Menschen schaffen sich ihre Verfassung, wählen, nachdem sie die Verfassung gemacht haben, ihre Räteverwaltung oder ihre treuhänderische Verwaltung, wie man das nennt – die Namen spielen ja jetzt im Moment keine Rolle – und alle Lebensgebiete werden entflochten. Das heißt: Es kommt mehr und mehr in die freie Selbstverwaltung sowohl das gesamte Schulwesen als auch die Wirtschaft, so daß der »Staat« die reine Rechtsverwaltung darstellt. Aber die wirkt nun nicht in Freiräume hinein – also da sind keine Freiräume, sondern da sind sich selbst verwaltende Gebiete. Die demokratische Verfassung wirkt ausrichtend in die sich selbst verwaltenden autonomen Schulen hinein.

Die Regierung, sollte die über Jahre oder sollte die jederzeit abberufbar sein?

Jederzeit, natürlich. Volksveto und Abwahl muß jeden Tag möglich sein.

Glauben Sie nicht, daß wenn eine Regierung gebildet worden ist, dann sich eine Opposition bildet und das dann sehr bald zum Schluß geht?

Ja, dagegen kann es ja keine Opposition geben in der Weise, sondern die Opposition muß sich ja aus der Volksinitiative bilden. Das Prinzip der Opposition stellt sich ja dar in der Volksabstimmung selbst.

Meinen Sie, daß Sie das noch miterleben werden?

Ja, auf jeden Fall ansatzweise. Denn wir können ja schon genug – auch heute können wir ja schon genug miterleben. Das heißt, wir können uns doch zusammentun mit all den Menschen, die bereits an solchen Punkten arbeiten. Also kann man auch heute schon etwas davon erleben. Auf jeden Fall kann man in seiner Vorstellung doch etwas davon erleben. Denn wir müssen ja danach suchen, nach einer Möglichkeit suchen für eine zukünftige Ordnung der Dinge.

Sie sind ein Idealist.

Das ist nun die Frage, wobei man mehr erlebt: in der Phase des Kampfes für die Sache, oder ob man erst dann was erlebt, wenn alles schon gelaufen ist. ... Der Gesamtprozeß, allgemein, bis zum Ende des Jahrhunderts könnte er gelaufen sein.

Meinen Sie nicht, daß der Zerfall schon da ist?

Ja nun, wir sehen ja schon Zerfall.

Ja, da sind wir kurz davor.

Ja! Ob das so kurz ist, weiß ich nicht! Da würde ich mich hüten, Zahlen zu nennen, oder sagen wir mal jetzt, Daten zu nennen. Zweifellos eins kann man feststellen: den Zerfall. Den sieht man. Richtig. Und in dieser Situation muß man eine neue Vorstellung ausbilden.

Der Zerfall durch innere oder durch äußere Einflüsse?

Nee, der Zerfall aus sich selbst. Der Zerfall aus der Sache. Den sieht man ja schon im Parlament. Braucht man ja nur mit offenen Augen hinzugucken. Oder ein Gefühl für die Sache zu haben, was sich da abspielt.

Selbstverständlich ist das jetzt nur das Vordergründige, was ich gesagt habe. Im Hintergrund steht natürlich eine ganz neue Erziehung für den Menschen, eine ganz neue Vorstellung über menschliche Rechte, eine ganz neue Vorstellung, wie man mit Volksvermögen umgeht, und so weiter.

...Ja, richtig. Aber an die Information brauchen Sie ja nicht glauben, sondern sie kritisch betrachten. Und versuchen zu erkennen, ob da irgendwie Ihr eigenes Interesse formuliert ist oder ob Ihr Interesse irgendwo, sagen wir mal, im Bestehenden eher formuliert ist.

Ja, ich frage, weil ich ältere Leute interviewt habe. Die sagen: Das verstehe ich alles nicht mehr. Und sie haben auch nicht mehr die Energie, so viel in Information zu investieren.

Ja nun. Wir haben aber andere Erfahrungen gemacht mit älteren Leuten, beispielsweise mit einer 99jährigen Dame, die ist ganz begeistert. Und außerdem arbeitet bei uns ein 90jähriger mit, und eine 80jährige – man kann also nicht pauschal etwas sagen. Das ist sehr oft der Fall, daß die älteren Leute sich nicht mehr beteiligen wollen.

Aber man weiß doch, es gibt im gewissen Alter...

Das ist nicht prinzipiell.

Nicht so?

Nein, nicht prinzipiell. Manche Menschen haben eine kontinuierliche Entwicklung in ihrer Biographie, so daß man sagen kann: Die alten Leute wissen am meisten und können auch am meisten. Ursprünglich war das ja mal so.

Ja, die Erfahrung ist größer.

Ja eben. Wenn man früher...

Aber die lesen das doch alles nicht wahrscheinlich.

Ja, ja. Aber das kann man auch nicht generell sagen. Oftmals lesen sie's nicht, aber die Jungen lesen's genau so wenig oftmals.

Das ist auch richtig.

Also: Man kann nicht zu einem generellen Urteil kommen.

Danke.

...

Es würde mich interessieren: Was verstehen Sie denn jetzt unter Kunst?

Ich habe ja an der letzten documenta andere Dinge ausgestellt – als Plastiken. Die hätte ich ja natürlich auch diesmal ausstellen können.

Jetzt haben Sie keine?

Habe schon, aber ich bin nicht daran interessiert, weil ich meine, daß dieses weiter ist, nicht? Wenn ich jetzt Objekte ausgestellt hätte, dann hätte das doch noch relativ viel zu tun gehabt mit dem Charakter, den ich vor fünf Jahren gezeigt habe. Aber ich arbeite ja schon seit vielen Jahren an diesen Informationsstellen.

Also, Objekte finden Sie passé?

Nein, das ist nicht passé, und Aktionen sind auch nicht passé. Aber ich fahre ja auf diesen zwei Gleisen. Also praktisch eine theoretische Seite oder begriffliche Seite, und eine, die mehr, ja, bildhaft wirkt.

[Beuys beschriftet einen Stapel roh gezimmerter Holzkästchen]

Was machen Sie denn da?

Das ist eine Arbeit von 1968. Das ist eine Edition. Aber dafür ist eine so große Nachfrage da, daß ich sie seit 1968 immer wieder machen muß.

Wie verstehen Sie nun das – da steht drin »Intuition«?

Ja, es sind zwei Ebenen; da ist eine begrenzt und eine, die nach links hin offen ist. Steht nur oben »Intuition«. Also ein kleiner Raum – ein geschlossener Raum mit diesem Begriff.

Heißt das, daß jetzt jeder da sich selber etwas hineindenkt?

Ja, das heißt es auch.

Intuitiv?

Ja. Daß einem was einfallen muß, nicht? Daß man mit dem Denken beginnen muß. Daß man etwas in sich bewegen muß. Das heißt es. Und es hat eigentlich viel mit dem zu tun, was wir hier vorstellen. Volksabstimmung. Volksabstimmung geht nur durch Selbstbestimmung. Selbstbestimmung geht nur durch einen kreativen Ausgangspunkt. Das heißt: ich muß ja die Dinge bestimmen, von einem Schöpferischen her. Insofern hat es sehr viel damit zu tun.

. . .

Wissen Sie was?

Ja?

Das geht ins Leere.

Ja, das muß ja ins Leere führen.

Stimmt das?

Ja. Intuition, das ist wie eine . . .

Ja ich weiß, das muß ins Leere führen . . .

Ja. Und das muß begrenzen. Das heißt, es gibt zweierlei Dinge. Es gibt einen materialistischen Wissenschaftsbegriff, der hat Scheuklappen. Und es gibt ein anderes Ding. Das geht in ein noch unbekanntes Gebiet. Das heißt: Das muß durch das erweitert werden. In etwa, wenn man's naiv formuliert.

Darf ich Sie auch einmal etwas fragen? Als arme Hausfrau ohne Taschengeld, wer soll mich da bezahlen?

Auch aus öffentlichen Mitteln.

Aus öffentlichen Mitteln? Wie geht das denn?

Aus dem Haushalt. Hausfrauentätigkeit ist doch eine wirkliche Leistung.

Natürlich. 12 Stunden am Tag!

Da wir nach der Grunderkenntnis hier handeln müssen: Bezahlung entsprechend der Leistung – wird ja die Hausfrauentätigkeit gar nicht bezahlt gegenwärtig.

Also würde die Hausfrau vom Staat angestellt?

Nein, nicht angestellt. Sie stellt sich ja selbst an. Das heißt, in dem Augenblick, wo sie die Hausfrauentätigkeit tut, leistet sie etwas für die Gesamtgesellschaft – über die Familie, über ihren Mann, und so weiter – leistet sie doch etwas für

POSTULAT
auf Wandtafeln im Büro Beuys:

HAUSFRAUENGEHALT!
Wir bereiten in Nordrhein-Westf. ein Volksbegehren vor, das sich mit einem wichtigen Rechtspunkt befaßt, der durch Volksabstimmung zum Gesetz erhoben werden sollte.
Unser Vorschlag:
Gleichberechtigung von Mann und Frau! 20 Jahre Parteienherrschaft haben es noch nicht fertiggebracht, dieses Grundrecht zu verwirklichen: Die Anerkennung der Haushaltstätigkeit als *Beruf*. Diesen Beruf rechtlich gleichrangig neben andere Berufe zu stellen und durch *Hausfrauengehalt* abzugelten.
Hausfrauengehalt!!!

Frauen und Männer!
Wenn Sie unsere Arbeit um das Volksbegehren, das den Frauen wirkliche Gleichberechtigung sichern soll, unterstützen wollen, dann tragen Sie sich bitte hier in eine Liste ein. Stimmberechtigte aus Nordrhein-Westf. werden wir nach Fertigstellung des Gesetzestextes zur Unterzeichnung des entsprechenden Antrags anschreiben.
Die echte Freiheit für die Frauen.

die Gesellschaft. Sie ist ja auch eine Erzieherin im frühen Kindesalter. Also hat sie einen Universalberuf.

Natürlich.

Das muß als ein solcher erkannt werden.

Das ist höchste Zeit.

Also hat ein solcher Beruf Anspruch auf Bezahlung. Und das muß als Rechtserkenntnis herausgebracht werden, und dann muß dieser Rechtserkenntnis die Honorierung folgen – mit Geld.

Oder das Geld abschaffen. Das wäre das Bessere.

Abschaffen kann man das Geld nicht. Das Geld ist wohl ein genialer Kreislaufregler, nicht?

Wir haben doch eine Überflußgesellschaft?

Da haben Sie recht.

Weshalb nimmt man sich nicht vom Markt, was man braucht? Man ißt doch nicht mehr als man essen kann!

Ja ja! Aber man braucht ja nicht nur Dinge zum Essen. Wenn Sie zum Beispiel nach Italien gehen und wollen in ein Hotel, dann müssen Sie schon ein Tauschmittel in der Hand haben, um das Hotel zu bezahlen, die Unterkunft. Da können Sie nicht ein Schwein unter dem Arm mitbringen.

Sie meinen, das ist einfach praktisch?

Die universale Ökonomie braucht das Geld als Regelungsmittel für alle ökonomischen Prozesse zunächst.

... *Diese Denkungsart ist mir zu kapitalistisch.*

Nein, ... Kapital braucht das Wirtschaftsleben. Kapitalistisch heißt – da muß man in zweifacher Weise darüber nachdenken – sind die Systeme, wie sie gegenwärtig auf der Welt existieren: der westliche Privatkapitalismus und der östliche Staatskapitalismus. ... Ein Wirtschaftsleben in dem Sinne aufzubauen, da würden wir auch sagen: nein. Aber das Kapital, sagen wir mal, als ein Regelungsmittel, generelles, universelles Regelungsmittel, für gesamtökonomische Vorgänge und für Rechtsvorgänge ist nötig. Es muß nur ein echtes Äquivalent der Ware sein. Und es darf sich nicht verselbständigen und gegen die Menschen arbeiten.

...

Es ist aber nur das Geld, um wieder zu differenzieren.

Eben. Das Geld ist grade so ideal, weil es sozusagen ein offenes Mittel ist, was nur richtig bezeichnet werden muß, um gesellschaftliche Regelprozesse zu organisieren. Das ist nicht festgelegt auf Schwein, daß wenn Sie sozusagen ein Schwein kaufen und geben dem Mann einen Geldschein dafür, dann ist er nicht gezwungen, sich wieder Schweine dafür zu kaufen, sondern er kann jetzt irgendwohin gehen und sich einen Kühlschrank in Italien kaufen, falls er in Italien lebt. Da berechtigt das Geld zum Beispiel zum Kauf einer Ware irgendwo.

Aber er umfaßt sofort diese Differenzierung in bessere Ware, in Luxusware.

Aber das ist natürlich der Freiheit des Menschen unterstellt. Sie können nicht eine Zwangswirtschaft machen und bestimmen, was der Mensch zu essen und zu verbrauchen hat. Das wäre ein Eingriff – das würden wir Diktatur nennen. Das ist wieder echt undemokratisch. Das heißt: was einer essen will, muß er selbst bestimmen; was einer an Gütern verbrauchen will, muß er selbst bestimmen dürfen. Sonst ist die Freiheit des Menschen verletzt. Ob einer sich ein Buch von Immanuel Kant kauft oder zehn Bände Hegel, oder ob er sich ein kleines Bändchen kauft – ja, das muß doch ihm überlassen bleiben. Das kann doch nicht einfach einer bestimmen, was einer zu kaufen hat oder nicht.

...

Können Sie das mal begründen, warum's ein Hausfrauengehalt geben soll?

Das heißt, man muß erst mal fragen: Ist die Hausfrauenarbeit Leistung oder ist sie keine Leistung? Wenn man dazu kommt, sie als Leistung zu erkennen, muß sie abgegolten werden.

Ja, wieso ist das Frauenarbeit? Warum ist es nicht ein Hausmännergehalt?

Das kann man auch.

Warum macht man es dann nicht?

Da steht ja nicht nur »Hausfrauengehalt«, sondern es steht auch der Ausdruck »Hausfrauentätigkeit« oder »Haushaltstätigkeit«. Mußt du mal genau lesen. Hausfrauengehalt bezieht sich auf die Tätigkeit der Frau.

Ah so!

Die Haushaltstätigkeit bezieht sich auf die Tätigkeit des Mannes im Falle, daß der Mann den Haushalt übernimmt. Das ist ja genau unterschieden, in zwei verschiedenen Begriffen.

Warum wollen Sie denn Hausfrauengehalt? Warum denn nicht ein Gehalt für Haushaltstätigkeit?

Genau das steht da.

Aber warum nicht als Überschrift?

Es bezieht sich erst mal auf die Gleichberechtigung von Mann und Frau. Wir wollen eine Gleichberechtigungsfrage herausstellen. Also zielen wir doch erst auf die Frau als Wesen ab. Und dann erst in zweiter Linie...

Die Frau als Wesen?

Ja sicher. Auf die Gleichberechtigung der Frau mit dem Mann. Da zielen wir darauf ab.

Dann zielen Sie doch nicht dadurch darauf ab, daß die Frau im Haushalt bleibt und dafür ein Gehalt bekommt. Das machen Sie doch vielleicht höchstens dadurch, daß sie die Frau auch im Beruf bleiben lassen.

Ja selbstverständlich! Das ist der Frau doch völlig freigestellt, ob eine Frau diesen Beruf wählt oder jenen. Ist ja selbstverständlich.

Es geht mir doch um Gleichberechtigung. Das hab ich doch grade kritisiert, daß Sie dadurch, daß Sie ein Hausfrauengehalt fordern, nichts für die Gleichberechtigung tun, sondern daß Sie die Tatsache –

Moment mal!

daß die Frau den Haushalt macht . . .

Wodurch tut man denn was für die Gleichberechtigung? –

Wenn ich Sie was frage, können Sie nicht 'ne Gegenfrage stellen.

Ja, doch. Natürlich. Warum nicht?

Brauchen wir gar nicht zu diskutieren.

Warum nicht?

Nö. Das haben Sie bei dem Herrn genauso gemacht. Der hat Sie was gefragt, dann haben Sie 'ne Gegenfrage gestellt.

Warum darf ich keine Gegenfrage stellen?

Könnt ich wieder 'ne Gegenfrage stellen.

Ist das nicht erlaubt, daß man in der Diskussion . . .

Es ist erlaubt, aber . . .

Dann schauen Sie sich mal, nicht wahr, die Dialoge im alten Griechenland an.

Wenn Sie mich was fragen, dann frag ich Sie: wie alt sind Sie? Dann sagen Sie, wie alt bin ich usw.

Darf ich doch. Denn diese Frage ist ja sinnlos, wie alt ich bin.

Dann ist das aber dummes Geschwätz, dann brauchen wir uns nicht zu unterhalten.

Ja, deswegen regen wir uns nicht auf, sondern kommen wieder auf die Sache zurück.

Ist doch nur interessant, wie man so...

Weil wir meinen, die Gleichberechtigung muß ein reales Fundament haben. Sie darf nicht nur verbal auf dem Papier formuliert sein, sondern es muß dementsprechend verfahren werden. Wird also diese Arbeit als eine Leistung erkannt, hat diese Leistung Anspruch auf Gegenleistung. Ganz einfach. Eine Rechtserkenntnis –

Haben Sie sich mal –

Lassen Sie ihn mal ausreden.

wird herausgestellt und nachgefragt: soll dieser Rechtserkenntnis real Folge geleistet werden durch Besoldung? Außerdem greifen wir ja nicht vor, sondern wir fragen nach. Das soll ja eine demokratische Ab-Frage sein. Also eine Abstimmung. Wie sich nun die Frauen in dieser Sache entscheiden, ist ja ihre Sache. Was ich für wünschenswert halten würde, spielt dabei gar keine Rolle.

Haben Sie sich mal Gedanken darüber gemacht, daß es überhaupt lachhaft ist, daß jede Frau, beziehungsweise ein Mann, den Haushalt macht? Daß es sinnvoller wäre, den Haushalt zu industrialisieren, qualitativ gute Fertigware herzustellen.

Ja gut, da haben Sie ja...

Daß es lächerlich ist, das zu bezahlen, daß drei Kartoffeln geschält werden, daß 'ne Soße hergestellt wird usw. Sie folgern doch daraus, daß...

Ja nun! Kartoffelschälen ist ja nicht nur allein die Tätigkeit der Hausfrau, sondern zum Beispiel die Kindererziehung.

Ah so!

Oder nicht?

Mhm.

Denn immerhin: Solange die Frau eine Mutter ist, erzieht sie doch die Kinder jedenfalls bis zum Ende der Schule.

Und der Vater? Und solange der Vater ein Vater ist?

Solange der Vater ein Vater ist, weiß man, nicht wahr, daß er meistens im Beruf eingespannt ist.

Und warum?

Warum? Aber diese Frage provoziert das doch. Diese Frage ruft doch grade Diskussion hervor in dieser ganzen Problematik.

Von Ihnen, der die Sache inszeniert –

Nein.

müßte man ja vielleicht schon ein bißchen so was wie 'ne Antwort haben.

Nein. Von mir bekommst du die Antwort, was ich für wünschenswert halte. In einer demokratischen Abstimmung habe ich aber nur die Möglichkeit, meine eine Stimme dazuzugeben. Wir wollen doch endlich mal davon abkommen, daß einer bestimmt, was gemacht werden soll, sondern es soll doch mal der Bedarf echt ermittelt und festgestellt werden.

Natürlich, da bin ich auch dafür. Nur kann man eine Frage so formulieren, daß eine bestimmte Antwort rauskommen muß.

Eben. Deswegen...

Wenn Sie bestimmte Dinge wie Hausfrauengehalt nachfragen, kann es auch sein, daß eben sehr viele Leute auf den Widerspruch, was ein Hausfrauengehalt beinhaltet, gar nicht kommen.

Richtig.

Und von Ihnen müßte man verlangen...

Das heißt, dieser ganze Widerspruch und diese Problematik, die mit der Sache verbunden ist, kann ja mindestens ein Vierteljahr lang diskutiert werden. Denn der Gesetzesentwurf wird mindestens ein Vierteljahr vor der Volksabstimmung herausgestellt.

»Beuys fordert ein Wundergehalt!« Dann diskutiert man wieder...

Dann käm ich mir vor wie eine Frau aus einem Entwicklungsland!
Sie können doch nicht einfach die Hausfrauenarbeit wegdiskutieren – das geht doch nicht.

Ich habe nicht verstanden.

Sie will die Hausfrauenarbeit wegdiskutieren. Das geht doch nicht. Ich finde das geschickt, über dieses Hintertürchen Hausfrauengehalt wirklich zur Gleichberechtigung zu kommen.

Ja.

Diesen Weg wollen wir ja gar nicht!
Sicher!

(Lachen)

Sie sehen doch hier, daß zwei Meinungen bestehen. Und so lange zwei Meinungen zur Sache bestehen, ist es immer richtig, das durch Volksabstimmung zu ermitteln.

Ihre Meinung würde mich schon ein bißchen mehr interessieren.

Ja, meine Meinung ist, daß das erst mal eine Rechtserkenntnis ist, der einfach auch materiell Folge geleistet...

Was ist denn Rechtserkenntnis?

Daß Leistung eine Gegenleistung erfordert. Ganz einfach. Du arbeitest ja auch nicht umsonst. Oder Arbeiter gehen ja auch nicht zu Henschel und sagen: Ich arbeite hier, weil ich... (unverständlich), sondern die sagen ja auch: Meine Arbeit ist eine Gegenleistung wert.

Und die kriegen sie in Form von was?

Ja, leider, nicht wahr, wahrscheinlich nach Stundenlohn bezahlt, während andere freie Arbeitsverträge abschließen können.

Sehen Sie!

Aber an dieser Problematik sind wir in eben derselben Weise interessiert. Sie müssen doch jetzt nicht denken, daß wir uns nur auf dieses Problem stürzen. Wir machen nur an Hand dieses Problems vieles vom System klar. Und also wird die Diskussion sich beziehen auf den ganzen Zusammenhang des sozialen Organismus. Der wird da einmal klar. das ist ein Vorgang in sich.

Ich weiß nicht, ob nicht, sagen wir, durch 'ne Beschreibung – nur durch die konkrete Analyse wird doch irgendwas klar.

Das auch. Die konkrete Analyse ist ja längst geleistet.

Nee. Das heißt, geleistet ist sie ja durch den Marxismus.

Eben.

Aber wieviele Leute wissen das?

Ja nun. Insofern als ein Schulungsvorgang dafür nötig ist, werden wir gerne das dazu tun, was wir dazu tun können. Dabei mußt du uns allerdings helfen.

OK.

Denn du kannst nicht sagen, ich muß das alleine machen.

Nein, das tue ich auch nicht.

Das müssen alle untereinander machen.

Ich finde, da ist es dann auch ganz gut am Beispiel Hausfrauengehalt zu lernen, wenn das auf einmal bezahlt werden muß.

Richtig.

Auf mich wirkt das wie für ein unterentwickeltes Land, daß ich jetzt ein Hausfrauengehalt bekommen soll. Das ist so mildtätig. Ich möchte anders leben. Ich möchte nicht Geld...

Richtig. Sie können ja grade dann anders leben. Was für eine reale Möglichkeit hat die Frau, sozusagen mit ihrem Gehalt etwas Reales zu unternehmen?

Sich noch 'nen Rock kaufen oder was!

Aber was beispielsweise?

Beispielsweise: Sie kann sich von diesem Gehalt tatsächlich, nicht wahr, etwas anschaffen.

Was? Kleider, Fernsehgerät...

Ja, Moment mal! Moment mal! Sie haben unter Anschaffen sich etwas vollkommen Falsches vorgestellt. Ich habe gesagt, sie kann selbst, beispielsweise, mit andern Frauen einen wissenschaftlichen Forschungskreis gründen. Sie könnte selbst mit andern Frauen, nicht wahr, soziale Einrichtungen schaffen. Ja, sie könnte selbst weitgehend befreit werden von der Haushaltsklaverei. Ja. Und so weiter.

Warum muß sie davon befreit werden mit Geld? Warum macht das nicht jemand anders, den Dreck?

Wer soll's machen? Fremdarbeiter?

Nein. Männer!

(Lachen)

Ach, Männer? Das können Sie doch machen! Wenn Sie ein solches Geld haben, dann sagen Sie: So, und jetzt habe ich eine wirkliche geistige Idee: ich gehe und tu' mich mit andern Frauen zusammen.

Das tu' ich schon lange

und arbeite an einem sozialen Projekt, arbeite an einem Schulproblem, arbeite an diesem und jenem.

Das tun wir ja sowieso.

Und dann lassen Sie doch die Männer das machen. Ist doch freigestellt! Diese Möglichkeit haben Sie doch viel eher, wenn Sie sozusagen eine reale Freiheit haben, die abgesichert ist durch Geld, das heißt materiell, also Wirklichkeit wird. Vorher wird sie doch keine Wirklichkeit.

Wenn man da für Kartoffelschälen bezahlt wird – was soll denn das! Ich will die Kartoffeln gar nicht schälen!

Brauchen Sie doch gar nicht.

Der Mann soll sie auch nicht schälen. Da gibt's Maschinen. Das fordern Sie, und das ist der falsche Ansatz.

Ja nun, ich meine aber nicht diese Hausfrauentätigkeit allein.

Ja, welche denn?

Ich habe schon einmal gesagt: die erzieherische Tätigkeit

Aber warum soll denn die die Frau machen?

im Hause oder außerhalb des Hauses.

Da soll sie dann die Hosen noch selber schneidern!

Warum denn nicht? Hosenschneidern ist eine unwürdige Arbeit?

Nee.

Also, was reden Sie denn für 'nen Stuß!

Nein, vor allem: Sie gehen immer von den Frauen aus, die's nicht nötig haben.

Das merkt man ja auch, daß Sie irgendwo im Beruf ausgelastet sind, nicht? Das merkt man doch, während andere Frauen das leider nicht sind.

Ja, leider. Eben. Und das muß man ändern.

Und diese Möglichkeit bekommen sie dadurch, daß sie eine Freiheit real haben, das heißt einen finanziellen Rückhalt.

Freiheit real! Wenn man 2,50 für die Stunde kriegt! Was soll denn das?

Was heißt 2,50? Der Betrag ist ja gar nicht in Diskussion – wie hoch dieser Betrag sein soll. Der könnte ja höher sein als 2,50. Er könnte auch niedriger sein, je nach Abstimmungsergebnis.

Ich meine, jetzt bleiben wir mal bei dem, was du vorher gesagt hast, daß die also dann einen wissenschaftlichen Zirkel da bilden könnten.

Ja, unter Umständen, habe ich das gesagt; als ein Beispiel.

Also gut. Ich meine, die Frauen, die das können, die sind an diesem Gehalt von 6 Mark oder sowas auch nicht interessiert, weil die machen's so oder so.

Das heißt, es gibt nur ein paar intellektuelle Frauen, die daran Interesse haben!?

Nein, eben...

Dann zieh dir doch mal, nicht wahr, die Gleichberechtigung für die Bildung so ab, d. h. liefere dann doch dieses Geld zumindestens ab als einen Studienbeitrag für die Frau, die am Bildungsprozeß bisher nicht teilnehmen konnte. Grade mit einem solchen Beitrag könnte sie das doch viel besser.

Ich weiß halt nicht, ob das nur einen materiellen Prozeß voraussetzt. Wenn zum Beispiel die Erkenntnis da wäre von den Frauen, die Sie als intellektuelle Frauen bezeichnen, daß zum Beispiel eine notwendige Zusammenarbeit zwischen ihnen und den Frauen der Arbeiterklasse da wäre, dann ist doch das über Geld gar nicht zu machen. Diese Solidarität, daß die nicht zustande kommt, liegt nicht daran, daß die keine 6 Mark zur Verfügung haben. Daran liegt das gar nicht. Wenn Sie einer Frau der unaufgeklärten Arbeiterklasse 6 Mark pro Hausfrauenarbeit gäben, dann geht die wirklich her und kauft sich 'nen neuen Rock. Das haben die dringend nötig, ihre Probleme in solchen Dingen zu sublimieren.

Ja, das ist wieder das Urteil über die Menschen. Das heißt, die Menschen sind so doof, nicht wahr – die werden nichts anderes tun als was in deinem Kopf vorgeht. Wie die Menschen mit diesem Geld umgehn, das überlasse erst mal den Menschen. Vielleicht kommen sie auf eine viel bessere Idee als du dir überhaupt träumen läßt. Vor allen Dingen wollen wir ja gar nicht vorgreifen, wir wollen das ermitteln. Was du für wünschenswert hältst, kannst du doch voll in die Waagschale werfen. Was ich für wünschenswert halte, kann ich voll in die Waagschale werfen. Das nenne ich Demokratie. Und nichts anderes. Wir brauchen ja gar nicht, nicht wahr, uns darüber zu verzetteln. Ich persönlich halte es für sehr wichtig – und viele Frauen halten es für sehr wichtig. Also soll darüber eine Volksabstimmung stattfinden.

Ich glaube, daß es halt so ist, daß die Frauen dann in Zukunft mit mehr Lust Geschirr spülen – und was hätten wir davon? Das ist eine Reform, die das System stabilisiert.

Ja natürlich. Das heißt: die Handarbeit ist eine ungeistige Arbeit. Das heißt es, in deinem Verstand.

Nee. Ich habe nichts gegen Handarbeit, aber möchte die Ab-

wechslung, – daß jeder Handarbeit macht und jeder geistige Arbeit macht, und nicht, daß ein Doofer dafür ein bißchen Geld kriegt, daß er den Dreck weiterhin macht.

Ist ja richtig.

Ob das nun Mann oder Frau ist.

Ich sagte ja gerade, daß mit dem Geld ganz andere Aufgaben gelöst werden könnten. Geistige Aufgaben. Wissenschaftliche Aufgaben. Bildungsaufgaben. Erzieherische Aufgaben. Nicht, um sozusagen mehr Kartoffeln zu schälen.

Aber sehen Sie die Gefahr nicht dahinter?

Mit diesem Geld kann man, zum Beispiel, sich zusammen tun und das Essen anliefern lassen. Beispielsweise. Da braucht man zum Beispiel nicht mehr die Kartoffeln zu schälen.

Warum fordern Sie denn nicht grad vom Staat, daß der das Essen anliefert?

Das fordern wir doch auf diesem Wege vom Staat.

Durch die Hintertür. Warum machen Sie's nicht direkt?

Das ist ja nun dein Vorschlag. Du kannst es ja direkt versuchen. Dann tu es aber auch direkt. Denn das würde uns unterstützen, daß viele an diesem Problem arbeiten. Der eine von der Seite, der andere von der Seite usw.

Warum lassen Sie sich denn nicht mal Ihren Vorschlag kritisieren?

Tu ich doch.

Nee nee!

Ich muß doch meine Argumente auch hervorzerren, d. h. ich werde doch regelrecht dazu gezwungen, obschon ich sage, das ist an sich nicht meine Sache, sondern das soll demokratisch abgestimmt werden. Das hat gar keinen Zweck, mit meiner Meinung jetzt hier sich vorzudrängeln. Sondern es soll ja grade festgestellt werden: Wir erfahren seit Jahren, daß die Hausfrau unterprivilegiert ist. Daß diese Leistung nicht honoriert wird, ja? Also soll es demokratisch ermittelt werden, ob ein echter Bedarf bei den Menschen vorhanden ist nach dieser Honorierung der Hausfrauentätigkeit.

Aber Sie haben sich widersprochen. Sie haben gesagt, daß die Frau mit dem Geld was anfangen kann, und da war irgendwie die Rede, daß sie da was kaufen kann.

Nein, ich habe gesagt: anschaffen kann. Damit habe ich gesagt: Freiheit anschaffen kann. Er ist mir ja nur in den Satz hineingefallen und verstand darunter – nicht – irgendwelche Produkte: Autos, oder Fernsehgeräte oder irgend...

Sie meinen, daß sie im vorneherein so schlau ist, daß sie das für ihre weitere Emanzipation...

Die Frau ist viel schlauer, als du denkst. Du mußt nicht denken, daß du alleine schlau bist!

(Lachen)

Du mußt nicht denken, daß du alleine schlau bist! Andere Frauen sind auch noch schlau. Und wenn nichts anderes gelingen würde, als die Frau als eine individuelle Anarchistin freizusetzen.

Individuelle Anarchistin!

Ja, wäre auch schon was. Ja – das ist die wirkliche Möglichkeit der Frau!

Wie schlau sind denn die Frauen, die »Brigitte« lesen? Wie schlau sind die denn?

Ach was! Lesen ja nun nicht alle Frauen »Brigitte«. Und außerdem sind auch Frauen, die »Brigitte« lesen, sehr unterschiedlich zu beurteilen. Nicht alle Frauen, die »Brigitte« lesen, sind schlechte Frauen. Was soll denn immer diese Verurteilung!

Wo sind denn eigentlich die emanzipierten Frauen?

Ich sehe nur gute Frauen!

Wo denn, wo denn?

Überall!

Wo denn?

(Lachen)

Hier. Überall, wo sie stehen. Ich sehe überall eine gute Fähigkeit.

Nach welchem Kriterium gehen Sie vor, um z. B. die Frau hier als gut zu definieren?

Die hat doch eine echte menschliche Möglichkeit, genau wie du, oder nicht? Vielleicht eine bessere als du, das wissen wir doch alle nicht.

Ist doch gar nicht wahr. Wir haben sie grade nicht.

Ihr habt sie beide nicht?

Nee. Ich hab sie zum Beispiel nicht. Von ihr kann ich's nicht sagen.

Nun, dann ist es doch dringend notwendig, daß du öfters mal in unseren Informationsstellen erscheinst, daß wir darüber reden. (Lachen)

Wenn du sie nicht hast, dann stelle doch fest, daß schon eine große Mehrheit das hat; auch wenn man diese Mehrheit noch als Minderheit bezeichnen kann, muß eigentlich diese Minderheit ja nur wachsen.

Also, ich meine...

Und deswegen sind das ja alles Entwicklungsvorgänge. Auch wenn wir das Hausfrauengehalt herausstellen, wird die Diskussion den ganzen sozialen Organismus beleuchten, wird etwas aussagen über das Schulwesen, wird etwas aussagen über die Rechtsstruktur, wird etwas aussagen und hervorbringen über unsere, sagen wir mal, ökonomische Struktur. Das ist doch zwangsläufig, daß man über diesen Weg erst in die Debatte kommt – wie bei uns mit Volksvermögen umgegangen wird. Denn die erste Frage wird sein: Wer soll es denn bezahlen? Aus welchem Topf soll es denn genommen werden?

Gut! Was habt Ihr denn, wenn z. B. solche Fragen auftauchen, für Informationen dann zu geben?

Dann haben wir darüber die Information zu geben, daß das deutsche Volk – ja – also in der Bundesrepublik Deutschland, ja ein ungeheures Bruttosozialprodukt sich erarbeitet im Jahr, und wie wenig zurückfließt an das Volk. Denn das Bruttosozialprodukt ist ein Ergebnis der gemeinsamen Tätigkeit aller Menschen. Und der...

Nicht der gemeinsamen. Ein paar haben's nicht nötig zu arbeiten.

Ja, richtig! Da hast du recht. Jetzt hast du eine Minderheit genannt, die sozusagen ihr Geld auf der Bank arbeiten läßt. Ja – aber das will ich ja grade hier herausschälen: Das, was Gegenstand der gemeinsamen Tätigkeit der Menschen ist, wobei die Hausfrauen eine wichtige Rolle spielen.

Weil sie zufällig 50 Prozent der Wähler ausmachen!

Nein, weil sie etwas leisten – weil sie viel Arbeit übernehmen im sozialen Ganzen. Daß dann also jetzt dieses Gemeinsame – was von Menschen gemeinsam erarbeitet wird – wieder an die Menschen zurückfließt und nicht abgeschöpft wird durch diejenigen, die Eigentümer an Produktionsmitteln sind, nicht abgeführt wird durch Wirtschaftskriminalität; auch darüber abgestimmt werden muß, ob die Bundeswehr weiter so finanziert werden muß wie heute, ob weiterhin ein verwalterischer Wasserkopf so weiter existieren darf, und so weiter und so fort. Hier schafft man doch an Hand dieser Fragen politisches Bewußtsein – vor allen Dingen bei den Frauen, die das von sich aus können. Glaubt mir ja, daß die das können!

Die einzige Frage, die mich interessiert: Wenn man wirklich politisches Bewußtsein schaffen will, ist das schon nicht nur eine Frage der Form, sondern eine inhaltliche Frage.

Sicher.

Ob die inhaltliche Forderung, die da drin steckt, ob das die richtige ist. Das frage ich halt.

Ja, das kannst du ja fragen. Und wenn du darauf eine Antwort haben willst, dann mach eine Volksabstimmung, das heißt: dann leite einen demokratischen Prozeß in dieser Sache ein.

Ich weiß nicht, ob man Volksabstimmung = demokratischen Prozeß machen kann. Ich mein – weißt du...

Wenn alle Menschen diesen und jenen Standpunkt haben, auch zum Beispiel bei den Atomkraftwerken – wenn der eine Teil der Wissenschaft sagt: Atomreaktoren sind nicht gesundheitsschädlich, die andere wissenschaftliche Gruppe sagt: Es ist nicht zu verantworten, denn sie sind gesundheitsschädlich und schädigen sogar die Gene, also die menschliche Rasse – so lange dürfen keine Atomreaktoren gebaut werden, das ist meine Meinung. Also hat auch darüber eine Volksabstimmung stattzufinden nach vorheriger eingehender Information über die Sache.

Das ist halt bisher in der Realität so gewesen, daß wenn zum Beispiel sich so Komitees gebildet haben, die beispielsweise konkrete Planungen von solchen Reaktoren im Maingebiet bekämpft haben – ist es so gewesen, daß wenn man, sagen wir, die ganze Biographie eines solchen Planungsprozesses durchleuchtet, so war, daß zum Beispiel am Anfang der Problematik, also sagen wir, die ganzen negativen Faktoren der Öffentlichkeit zugängig gemacht wurden, daß dann, sagen wir mal, die Entscheidungsträger, nämlich die Kommune, also kommunale Verwaltung, sagen wir mal – an einem Beispiel kann ich das konkret nachweisen, wenn wir auf das Problem der Reaktoren zu sprechen kommen –, daß da 21 Stimmen in dieser kommunalen Verwaltung gegen dieses Projekt waren und drei dafür. Und dann hat die Betriebsführung, die dieses Projekt ins Leben rufen wollte, so lange agitiert in der Zeitung und hat die Leute, die gegen dieses Projekt gekämpft haben, physisch und psychisch so fertig gemacht, bis nach einem Jahr das Entscheidungsgremium im Verwaltungsausschuß genau umgekehrt gestimmt hat, indem dann 21 dafür waren und drei dagegen – und das Projekt wurde gebaut. Jetzt muß man doch mal diesen Prozeß analysieren!

Deswegen ist das kein Vorgang, der allein auf der kommunalen Ebene . . .

(Bandwechsel)

. . .

nämlich mit dem Modell, was da steht: wir wollen einen freien demokratischen Sozialismus erreichen. Ganz einfach. Wir wollen also etwas Neues – wir wollen etwas anbieten, nicht wahr, was sowohl geeignet ist, den westlichen Privatkapitalismus zu überwinden als auch den östlichen Staatskapitalismus. Ganz einfach.

Also gut, das Ziel – mit dem kann ich mich ja identifizieren.

Eben. Ist klar. Daß wir keine Patentlösung für jedes einzelne, sagen wir mal, Endproblem wissen, das weiß ich auch. Wir wollen also auch kein politisches Programm – ein festes politisches Programm, denn das halten wir schon von vornherein auch für undemokratisch, immer mit festen Programmen anzukommen. Sondern man zeigt die Richtung an und arbeitet mit den Menschen gemeinsam irgend etwas aus, was besser ist zunächst, was also demokratischer ist – was mehr Demokratie anschafft.

Die Kritik, die ich da gehabt habe, ist ja nur in der Form zu verstehen, daß – ich meine: die gemeinsamen Bemühungen, daß wir 'nen demokratischen Sozialismus wollen, die sind ja vorhanden.

Fein.

Aber ich meine, wenn wir jetzt kommen und hier den Weg – also

kritisieren

kritisieren

Ja. Ist aber richtig.

ja, ich meine, du hast es halt ein bißchen abgewiesen.

Nein. Ich habe argumentiert. Ich habe vielleicht ein bißchen laut argumentiert, aber das ist ja auch wichtig, denn die Leute sollen es ja auch hören. Die sollen es nach Möglichkeit bis hinten in der Cafeteria hören. Deswegen ist es ganz gut, daß ich laut spreche. Warum soll ich denn nuscheln?

(Lachen)

Man muß allmählich seinen Kehlkopf schulen, nicht? Ja, ich bin nämlich hier auch manchmal in größerem Raum und entschuldige, wenn dich das ein bißchen gestört hat, daß ich laut gesprochen habe.

Nee, gar nicht. Im Gegenteil.

...

Hier wird ja nicht gegen die Energie gesprochen, also hier wird ja nicht gegen die Wissenschaft gesprochen, die sich mit den Reaktorproblemen, also mit der Kernspaltung befaßt, sondern hier wird darüber gesprochen, ob der Zeitpunkt schon da ist, daß man Atomreaktoren im Großen einrichten kann. Denn wenn noch ein großer Teil der Wissenschaftler, von Albert Schweitzer angefangen – der ist ja vielleicht noch nicht mal der Zuständigste, weil er kein Fachmann ist in dieser Sache, weil er nur ein Humanist ist – weil er vielleicht etwas spürt – aber wenn ein großer Teil der Wissenschaftler sagt: die Sachen werden diese und jene Schäden hervorrufen aufgrund dieser und jener Messungen, solange kann man doch die Dinger einfach nicht brauchen. Solange das Pro und Contra diskutiert wird und solange man auch feststellt, daß selbst in der Sowjetunion und in den USA die Sache rückläufig ist – denn das große Atomkraftwerk in Savannah ist jetzt stillgelegt, weil sich da die Schäden gezeigt haben – ja – da kann der amerikanische Imperialismus doch nicht in unserem Mitteleuropa uns die Dinger bauen lassen, über den staatlichen Befehl sozusagen, um Plutonium für seine Atombömbchen zu haben. Darüber gibt's ja auch inzwischen schon einige Information, daß die ein großes Interesse daran haben, das Plutonium ganz teuer zu kaufen, weil sie's in ihrem Lande schon gar nicht mehr herstellen wollen, weil die zu viel Widerspruch von der Bevölkerung erfahren.

Bei den Atomkraftwerken, die hier in der Bundesrepublik gebaut werden, fällt allerdings kein Plutonium ab.

Doch. Nach Berichten fällt hier sehr viel Plutonium ab.

...

aber im Grunde genommen ist das sekundär.

...Energie zu schaffen, wenn überhaupt unsere Volkswirtschaft weiter laufen soll und sich entsprechend weiter steigern soll.

Steigern soll sie die Qualität.

Eben. Das ist ein anderes Thema.

Wir kommen an eine Grenze des Wachstums hier und müssen an anderer Stelle das Wachstum steigern.

Na ja, eben notgedrungen steigern mit dem Wachstum der Menschheit, sagen wir mal. Das ist natürlich ein anderes Thema. Dann müssen wir auf Atomkraft zurückgreifen. Aber die Abstimmung darüber – da bin ich total...

Erst dann können wir auf Atomkraft zurückgreifen, wenn wir diese Atomkraft einsetzen können ohne Gefahr. Sonst muß man eben Gezeiten-Kraftwerke bauen oder...

Ich bin total Ihrer Meinung: Man soll die Sache vor einer möglichst breiten Publikumsschicht, meinetwegen in Form einer Volksabstimmung bringen, damit das Für und Wider echt diskutiert wird auf oberer Ebene und die Leute, die nun meinen – dazu gehöre ich – daß unsere Atomkraftwerke, so wie sie jetzt in der Bundesrepublik gebaut werden – das russische kenn ich nicht in den Einzelheiten – daß diese Atomkraftwerke für die Umwelt nicht gefährlich sind, die müssen den Beweis natürlich antreten.

Ja. Ja.

Und wenn der geringste Zweifel ist, dann müssen eben so viel Sicherheitsmaßnahmen getroffen werden, daß es ungefährlich ist.

Richtig.

Da bin ich vollkommen Ihrer Meinung. Und das kann man eigentlich nur fordern, wenn genügend Volk dahinter steht und nicht nur eine Kommune sich vorübergehend sperrt gegen diese Sache.

Nein. Es muß ganz global besprochen werden.

Da bin ich vollkommen Ihrer Meinung.

...

Sie wollen also explicit mit einfachen Beispielen anfangen?

Richtig. Wir wollen erst Menschen dafür gewinnen, daß sie Verantwortung übernehmen lernen. Denn die Systeme beteiligen ja gar nicht die Menschen am politischen Geschehen.

Nein. Allerdings etwas doch jetzt mit Mitbestimmung in Betrieben.

Ein bißchen, ja. Richtig. Aber diese Mitbestimmung in den Betrieben wirkt sich nicht besonders aus auf die Wurzelfragen der Demokratie, d. h. die Verfassung bleibt die alte. Das privatkapitalistische System läßt sich wahrscheinlich aus den Betrieben selbst heraus auch nicht verändern. Jedenfalls nicht alleine verändern.

Aber das wäre schon eine sehr schwierige Frage.

Natürlich. Das ist aber immerhin im Modell doch vorgesehen – nicht – daß man darüber zu einer demokratischen Entscheidung kommt eines Tages. Daß das nicht einfach immer so hingenommen wird, was hier im Westen praktiziert wird.

Ich sehe die Hauptschwierigkeit, überhaupt der Veränderungen, in der großen Trägheit der Bevölkerung.

Ja. Deswegen wird die ganze Sache zu einer Bildungs- und Erziehungsfrage.

Ich meine also: um direkte Demokratie einzuführen, ist tatsächlich eine sehr große Bildung vorher notwendig.

Das ist eigentlich unsere allererste Aufgabe. Unsere Einrichtungen sind also zunächst Schulungs- und Informationsstätten.

Würden Sie auch Möglichkeiten sehen – ich habe auch da mal darüber nachgedacht – speziell die Künstler, ob die auch Möglichkeiten hätten, die Bevölkerung effektiv zu beeinflussen, so wie jetzt die Werbung das tut. Die Werbung für Coca Cola zum Beispiel ist äußerst effektiv. Das sind eigentlich Künstler, die die Werbung machen. Es müßte doch möglich sein, diese Kräfte einzusetzen für bessere Ziele.

Richtig. Das will ich ja grade anregen.

Aber Sie wissen, nicht wahr, daß wenn man die Gruppe der Künstler anspricht – oder ob man die Gruppe der Arbeiter anspricht, sie sind beide gleich schwer anzusprechen; ob man Arbeiter nimmt, Studenten oder – alle Menschen sind gegenwärtig sehr schwer in Bewegung zu setzen. Es gibt immer nur eine kleine Minderheit in jeder Gruppe, die ansprechbar ist zunächst. Aber damit müssen wir arbeiten – diese kleine Minderheit müssen wir größer machen – wir müssen also um jeden einzelnen kämpfen.

Unter den Künstlern, habe ich den Eindruck, ist das doch keine kleine Minderheit.

Ja, die Künstler sind keine kleine Minderheit, aber diejenigen Künstler, die das gerne wollen, also in diesem ganzen Zusammenhang denken, die sind doch eine fast unsichtbare Minderheit.

Die denken mehr an Mythologien als an Veränderungen?

Oder sie denken auch oftmals an Geschäft. Oder sie denken an ihre private Kunst ohne einen Zusammenhang zu sehen. Das sind einfach Fehldispositionen, oder sagen wir einfach: Das sind die Tatsachen.

Es ist jetzt eine direkte politische Aktion, die Sie machen?

Nein. Für mich ist es eine künstlerische Aktion. Denn dieser Kunstbegriff ist so gefaßt, daß die Selbstbestimmung, die ja die Demokratie fordert, jetzt gesehen werden muß als eine Möglichkeit. Denn viele Leute sagen: Ja nun, der Mensch kann sich gar nicht selbst bestimmen. Er hat gar nicht die innere Freiheit. Wir wollen also eine Freiheitswissenschaft diskutieren. Wir wollen mehr und mehr von der Selbstbestimmung, also von der menschlichen Freiheit als einem kreativen, d. h. also einem künstlerischen Ausgangspunkt – davon wollen wir ausgehen. Also ist es eine kulturelle Frage zunächst. Es ist weiterhin eine Frage des gesamten Schul- und Erziehungswesens, nicht? Also, wir gehen nicht von den Produktionsmitteln aus, sondern wir gehen von der Freiheit des Menschen aus als einem kreativen, sich selbst bestimmenden Wesen und finden hier das geschichtsbewirkende und zukunftsbewirkende primäre Produktionsmittel. Insofern ist es eine Ergänzung des Marxismus, eine notwendige Ergänzung.

Es ist die humanistische Grundlage.

Ja, ich würde sagen: die freiheitliche. Und indem man das sagt, bezieht sich dieser Freiheitsbegriff natürlich auf das freie Individuum. Und in diesem Falle braucht man das Wort Humanismus gar nicht zu nennen. Das IST im Grunde die humane Frage: Der Mensch, der sich als freies Individuum selbst bestimmt und die nächste Phase der Geschichte formt.

Aber diese Grundlage wird doch auch viel verneint. Ich meine, der Humanismus bejaht diese. Zum Beispiel, das System, was hier geherrscht hat in Deutschland, hat das absolut verneint, daß das Individuum frei bestimmen könnte.

Richtig. Aber das ist die wichtigste Diskussion. Eigentlich, die wichtigste Diskussion hat erkenntnistheoretischen Charakter. Denn man merkt sehr wohl, daß viele Leute heute jetzt wieder resignieren oder auf jeden Fall eine große Unsicherheit an diese Frage heranbringen.

Wenn man jetzt immer über die Demokratie spricht, die sie alle für wünschenswert gehalten haben, stellen sie doch fest, daß Demokratie ja viel mehr erfordert vom Menschen, also sehr viel mehr fordert vom Menschen.

Ja, ich würde sagen...

Eben ganz genau seine Kreativität in seiner Selbstbestimmung und das heißt: Ich muß jetzt Verantwortung übernehmen. Ich muß jetzt mich beteiligen, mitwirken. Ich kann nicht mehr egoistisch für mich allein nur leben.

Aber das wollen viele Leute gar nicht.

Ja, ja. Aber nun anderseits ist es wichtig, den Menschen doch, sagen wir mal, regelrecht schmackhaft zu machen, daß sie sich als Menschen erst dann erleben, wenn sie nicht nur egoistisch denken, sondern wenn sie – ja, sagen wir mal sogar christlich leben, das heißt: nichts für mich, sondern alles für die andern. Daß das viel spannender ist als Drogen nehmen. Ja? Was das für Erlebnisse vermittelt gegenüber dem Weltinhalt, wenn man so lebt.

Drogennehmen ist ja wohl nur ein Resignieren, würde ich sagen.

Auf der einen Seite eine Resignation, auf der andern Seite ein unbestimmtes, sagen wir mal unterbewußtes Bedürfnis nach Erleben. Die wollen auch was erleben. Aber dadurch, daß man es so passiv erlebt, daß man also die Drogen arbeiten läßt, daß die irgendwie was mit den Organen machen, also Bilder erzeugen, das ist grade nicht der bestimmende, selbstbestimmende Weg; ist also nicht der Weg der Freiheit.

Sind Sie optimistisch, daß Sie, sagen wir mal, erwachsene und schon sehr stark vorgeformte Menschen noch viel verändern können? Ich sehe momentan selbst die große Veränderung bei den Kindern im Kindergartenalter, wo eine wirkliche Veränderung in der Erziehung stattfindet momentan.

Aber nur dann, wenn die Erziehungssysteme so angelegt sind, daß sie die freie Entfaltung, die Entfaltung des Kindes fördern. Es gibt aber weitgehend, beispielsweise bei uns, ein Staatsschulwesen, was uniform werden will, also was auch die Tendenz zum Zentralismus hat, in die staatliche Macht hinein. Und da arbeiten wir entgegen. Wir arbeiten für ein alternatives, vielfältiges Schulwesen. Wir wollen die Schulen nach und nach in die Selbstverwaltung der Menschen legen, also in die Verwaltung derjenigen, die im Schulwesen ja arbeiten. Das sind Lehrende und Lernende, im Prinzip.

Nicht also als Diener vom System?

Nein!

Aber die Gedanken sind doch einigermaßen auch jetzt bei der Schulreform vorhanden in Deutschland.

Nein. Die staatliche Schulreform sieht im Grunde nur einen verwalterischen, praktikablen Rahmen vor, wie man sozusagen durch Einheitsbildung die Sache verwalterisch in den Griff bekommt. Es gibt zwar sehr vielfältige Diskussionen über Curriculum, also über neue pädagogische Modelle, aber sie sind meines Erachtens alle sehr materialistisch gestimmt.

Aber die Ziele der Erziehung oder der Bildung sind doch wohl auch, ich glaube von Hildegard Hamm-Brücher, sehr idealistisch und hoch angesetzt.

Das ist richtig.

Die freie Entfaltung der Menschen...

Ja, aber das ist bei uns, wenn man näher hinschaut, doch nur auf dem Papier. Also im Lehrprogramm äußert sich das nicht.

Ich bin auch sehr kritisch. Die Schule, wo meine Kinder jetzt hingehen...

Was ist das für eine?

Das ist eine europäische Schule.

In Amsterdam?

Nein. Ich wohne in Deutschland. In Karlsruhe ist die europäische Schule. Auf der europäischen Schule ist auch der europäische Gedanke, so wie wir ihn ideell sehen würden, gar nicht verwirklicht. Da lernen die Kinder auch nebeneinander her. Meine Kinder sind in der holländischen Abteilung, und die haben fast keinen Kontakt mit den Franzosen. Die Franzosen wollen unbedingt, daß ihre Kinder noch mehr Hausaufgaben kriegen; das ist wohl das allerkonservativste System, was es gibt. Ich sehe da sehr wenig Veränderung auch in diesem Bereich, was sehr idealistisch angefangen hat.

Weil keine richtige pädagogische Idee zugrunde liegt?

Ja, auch, aber weil die Eltern nicht mitziehen, die sind einfach nicht zu verändern. Eine meiner Hauptfragen ist, ob die Künst-

ler tatsächlich, was Sie jetzt anfangen mit direkter Volksabstimmung – ob Sie da auch künstlerische Mittel einsetzen könnten?

Ja, wir setzen ja viele – d. h. wir machen Aktionen in den Straßen mit Bildwirkung. Also, wir machen nicht nur begriffliche Dinge, sondern wir machen auch Dinge mit Bildwirkung.

Und das würden Sie für die Bildung auch tun?

Ja, d. h. die Bildung müßte sich nach der Idee der Kunst ausrichten. Denn nur die Kunst ist eigentlich ein Mittel, was den Menschen zur Entfaltung bringt. Später erst gabelt sich...

Sie definieren es dann als Kreativität?

Ja. Als Kreativität. Im Bereich der Bildung als wie einen plastischen Vorgang. Man bringt das Kind zu seiner Entfaltung. Man bringt erst die körperlichen Kräfte zur Entfaltung, d. h. die Gesundheit muß erst da sein. Denn wenn die schon zerbrochen ist, wird später alles, was geistig bildend wirkt, ja schon unterliegen. Also erst muß die Gesundheit... Da sehen wir heute schon große Fehler.

Ich habe einen Sohn, der ist fünf jetzt, in einem progressiven Kindergarten. Da wird wirklich die Kreativität des Kindes gefördert.

Ja, das mag sein.

Und in meine größeren Kinder, da wird wirklich Lehrstoff hineingepumpt. Und ich fühle mich ziemlich machtlos da. Auch im Elternverein - die können bestimmen, wie die Kinder auf die Schulbusse verteilt werden, aber einen wirklichen Einfluß auf das Lehrprogramm haben wir Eltern überhaupt nicht.

Nein.

Und das wäre auch ein Teil von direkter Demokratie.

Ja, natürlich: Aber noch mehr ein Element der Selbstbestimmung im Gebiet des freien Geistes.

Was zu fördern wäre.

Auf jeden Fall die Eltern als Mitarbeiter im Schulwesen! Das ist ganz wichtig. Und vor allen Dingen zu speziellen Erziehungsfragen, d. h. zu anthropologischen Fragen, nicht?

Daß man eine Vorstellung bekommt: Was heißt überhaupt Erziehung? Beispielsweise da stellt man einfach fest, daß beispielsweise die Waldorfschule, also daß das... Programm von Rudolf Steiner besser ist als die meisten andern Programme. Vielleicht haben Sie in Karlsruhe eine Möglichkeit...

Aber hier kommt schon wieder die Schwierigkeit, daß die meisten Eltern da einfach keine Meinung haben, weil sie sich nie darüber Gedanken gemacht haben.

Ja, ja. Deswegen müssen aber erst mal die sich zusammentun, die eine Meinung haben.

Die Waldorfschulen finde ich aber nicht gut.

Warum finden Sie die nicht gut?

Die schreiben alle in einer bestimmten Handschrift, die zeichnen alle in einer gleichen Richtung; die Schrift, die Farben, die sie verwenden, sind alle die gleichen. Und sie lernen im Sprechchor und lernen nicht, sich selbst persönlich...

Sprechchor ist doch zum Beispiel was Schönes! Was Sie da bis jetzt gesagt haben von der einheitlichen Handschrift, das kann ich ja nicht beurteilen. Das ist vielleicht eine Idee irgendeines Lehrers oder ist vielleicht auch richtig für eine bestimmte Altersstufe. Frau Bodenmann hat ihre Kinder auf einer Waldorfschule – Sie können vielleicht irgend etwas darüber sagen?

Beim einen Kind hat es eine Umschulung von Linkshänder auf Rechtshänder gegeben im gewissen Maße; das ist natürlich ein anderes Problem. Beim andern wurde überhaupt keine Schrift gelehrt, die Kinder haben von sich aus eine Schrift finden müssen.

Ich weiß es von Wuppertal. Die zeichnen alle gleich.

Es ist ja jeder Lehrer anders. Es kommt ja auch da auf den Lehrer an.

Ja, denn in den Waldorfschulen ist das Gebiet, das den Lehrern untersteht, sehr groß – es ist nicht wie bei den Staatsschulen. Da hat der Lehrer viel mehr –

Freiheit.

Ja. Genau.

Von den Einflüssen auf die Kinder, da habe ich ein lustiges Beispiel, auch von der europäischen Schule wieder. Die kleinen Kinder, die machen ja freie Zeichnungen, Häuser, Blumen und so. Und die Zeichenlehrerin kann sofort anhand einer Zeichnung sagen, welche Nationalität das Kind hat. Ein holländisches Kind zeichnet ein Haus anders als ein deutsches Kind.

Sicher. Das ist nicht komisch. Das ist...

...Niemand weiß aber genau, wo das her kommt.

Doch. Das kann ich Ihnen sagen. Warum gibt es denn überhaupt Holländer? Warum sagt man das? Die haben doch ihre eigene Sprache. Zum Beispiel, ich höre doch sofort, daß Sie ein Holländer sind. Sie hätten es mir nicht zu sagen brauchen. Das heißt, so wie Sie die Sprache formen, so formen sich natürlich die Kinder ihre Bilder dementsprechend. Das ist eben die Fähigkeit der Holländer, können Sie mal sagen; die Fähigkeit der Holländer unterscheidet sich von der Fähigkeit der Franzosen. Das ist eine ganz andere Volksseele, sagen wir mal so. Eine ganz andere Gruppenseele. Ein anderer Ausdruckscharakter, also eine andere Genialität, nicht? Sie unterscheidet sich.

Aber wenn wir auf ein Ideal, eine Utopie hin wollen, also wo die Menschen wirklich ausentfalten können, was sie in sich haben, dann müßte das noch irgendwie... dann müßte die Gruppeneigenschaft...

Nein. Dann müßten sie sich gegenseitig ergänzen. Denn die unterschiedliche Fähigkeit, die wird bleiben. Sie werden es doch nicht für ideal halten können, daß es keine Elefanten, Wölfe und Fliegen mehr gibt. Daß es nur noch Hasen gibt. Daß also die Fähigkeit der Tiere, die Genialität – ein Löwe stellt eine andere Mentalität dar als ein Wolf – man kann ja kein Interesse daran haben, daß man die holländische Mentalität in der Welt vernichtet. Im Gegenteil. Man soll sie ganz zur Entfaltung bringen, damit die Völker miteinander arbeiten können, daß sie sich gegenseitig ergänzen in der Begabung. Das ist der europäische Gedanke.

Aber ich meine zu sagen, die holländische Mentalität momentan ist auch nicht die ideale. Die Holländer müssen auch verändert werden.

Sicherlich. Alle müssen verändert werden wahrscheinlich. Wir müssen uns alle selbst verändern. Darauf kommt es an.

...

Herr Beuys, arbeiten Sie auch an, sagen wir mal, »exterritorialen« Fragen wie dem Rassenproblem?

Ja, natürlich. Das gibt's hier bei uns ja auch, nur haben wir ein anderes Rassenproblem. Auch wir haben unser eigenes Rassenproblem. Man kann nicht sagen, daß das bei uns ganz überwunden wäre. Wenn schwarze Studenten beispielsweise Wohnungen suchen, meinen Sie, die kriegen leicht ein Zimmer? Auch nicht Franzosen. Ausländer sind in Deutschland gar nicht besonders gefragt. Wenn man anruft: ich möchte gerne ein Zimmer haben, wird man schon hören: Sind Sie Ausländer? Franzose? Nein. Aus. Das ist durchaus nicht überwunden bei uns.

Worauf führen Sie das zurück?

Ich führe es darauf zurück, daß das in den Menschen noch nicht sehr weit entwickelt ist, diese Überwindung von altem Blut. Daß das Blutsmäßige durchaus noch nicht überwunden ist. Es ist eine innerliche Unfreiheit.

...

Herr Beuys, Sie haben kürzlich mal die Bemerkung gemacht: »Die nächsten Jahrzehnte müssen eine Wende in der Geschichte bringen.« Wohin führt Ihres Erachtens der Weg? Im allgemeinen scheint sich bei den Jüngeren die Tendenz abzuzeichnen: weniger »krampfen«, mehr leben – intensiver leben.

Ja. Das heißt: wir müssen die zukünftige Organisation aller Lebensbereiche auf den Menschen hin ausrichten. Der Mensch muß im Mittelpunkt der Betrachtung stehen und nicht mehr, wie gegenwärtig, die Wirtschaftskräfte alleine – isoliert. Also ein Gleichgewicht muß stattfinden zwischen dem, was Geistesleben ist, Rechtsstruktur ist und Wirtschaftsleben. In diesem Gleichgewicht wird der Mensch sich als Mensch erleben, weil ja auch das Dreigliederungsmodell – ja, sagen wir, auf den dreigegliederten Menschen unmittelbar Rücksicht nimmt, nicht?

Wie ist Ihre Bemerkung zu verstehen: »Man muß verstehen lernen, daß das Wirtschaftsleben etwas eminent Geistiges ist. Die geistige GESTALT *entsteht erst im Wirtschaftsleben«?*

Ja. Ich habe versucht zu umschreiben, daß man abkommen muß von einem Wirtschaftsleben, was in Profitbegriffen denkt. Oder, sagen wir einmal: man muß den Profitbegriff metamorphosieren, nach meiner Meinung. Das, was man gegenwärtig Profit nennt, ist Geld, und in der gegenwärtigen privatkapitalistischen Form hat ja der Eigentümer am Produktionsmittel das Recht, sich einen großen Teil des Mehrwertes in die Tasche zu stecken. Oder das Geld wird in irgendwelche sinnlosen Aufgaben hineingegeben. Wir meinen, daß im Wirtschaftsleben alles verbraucht werden muß. Also das Kapital, was im Wirtschaftsleben entsteht, der Gewinn, muß in die sozialen Aufgaben fließen.

... aber es muß noch im Wirtschaftsleben etwas anderes erzeugt werden. Wenn alles aufgebraucht wird, wird das auch erzeugt, meiner Meinung nach: das ist die zwischenmenschliche Wärme. Das meine ich. Also wird das eigentliche Soziale im Wirtschaftsbereich erarbeitet – ist allerdings ein Ergebnis der geistigen Tätigkeit. Ich weiß nicht, ob das ganz genau klar wird. Es hängt auch vielleicht damit zusammen, daß ich einen Sinn dafür habe, weil ich mit Wärmeplastiken gearbeitet habe. Und mehr und mehr entdecke, daß beispielsweise meine Aktionen so etwas ausdrücken wollen, nicht? Womit bei Wärme jetzt nicht eine physische Wärme gemeint ist, sondern schon transzendiert, als zwischenmenschliche Wärme oder evolutionäre Wärme, wie man es nennen müßte. Ja, vor allen Dingen möchte ich aber auch ein Licht darauf werfen, daß viele Menschen meinen, die Arbeit, nehmen wir an auch die Hausfrauentätigkeit, also die Handarbeit, sei ungeistig. Ich erlebe mehr und mehr, daß es geradezu umgekehrt ist: daß die Kopfarbeit eigentlich eher eine ungeistige Arbeit ist als die Handarbeit – ja?

Weil sie verknöchert?

Eben. Vor allen Dingen, wenn das einseitig ausgebildet wird. Durchdringen sich aber die Lebensgebiete wie im Dreigliederungsmodell, dann entsteht die Geistigkeit in der richtigen Form. Das heißt: sie entsteht dann real.

Manche Besucher, die Ihnen hier Fragen stellen, kommen eigentlich aus persönlichen, nicht politischen Motiven. Sie suchen ein Weltbild, einen Daseinssinn schlechthin. Es ergibt sich dann so etwas wie: Patient in der Sprechstunde des Seelenarztes – Existenzanalyse / Logotherapie. Nun muß es doch schwierig sein, aus Begriffsfetzen, die ein Bruchteil Ihrer Einsichten sind, klug zu werden. Würden Sie diesen Suchenden den Rat geben, nach welcher oder welchen Ihnen verwandten Weltanschauungen sie sich orientieren könnten?

Durchaus. Man kann ja sehr vielen Leuten den Rat geben, beispielsweise DIE KERNPUNKTE DER SOZIALEN FRAGE [Dr. Rud. Steiner] zu lesen. Um vor allen Dingen den Marxisten, die ja sehr viel Wert auf die Analyse legen, beispielsweise das geeignete Instrument zur Therapie oder zur Synthesis zu zeigen. Also man kann schon auf Quellen hinweisen, die sehr wichtig sind, daß man sie zur Kenntnis nimmt und zur Diskussion stellt.

Sie haben beim Begriff »Mensch« in seiner physischen, seelischen, geistigen Gestalt erwähnt, daß Sie oft mit technischen Begriffen operieren, etwa so: »Was ich hier von Ihnen sehe, ist zunächst nur die Bodenstation – was leiblich sichtbar ist. Das andere ist doch viel größer.« Würden Sie das vielleicht noch ein bißchen mehr ausführen?

Ja, das ist ja der Begriff des Menschenbilds, was erforscht werden muß durch Geisteswissenschaft beispielsweise, indem man zu einer anderen Vorstellung vom Menschen kommt als wie sie vorliegt in einer materialistischen Weltanschauung. Daß erst der Mensch, der sich erkennt als ein geistiges Wesen in einem höheren Zusammenhang, geeignet ist, die sozialen Aufgaben zu lösen. Daß er erst erkennen muß, daß er nur eine Bodenstation ist, nicht – für etwas viel Größeres.

Also wieder die »Abhebefähre«?

Ja. Ja. Und die Abhebefähre, – das meinte ich ja gerade bezogen auf den Wärmekörper, der im Wirtschaftsleben erzeugt werden kann.

Dann wurde auch noch von der materialistischen Denkweise in der Kunst gesprochen. Trägt die daran Schuld, daß die moderne Kunst einen Großteil der Menschen buchstäblich kalt läßt? Oder war das immer so, daß die Künstler einfach ihrer Zeit voraus sind – die Menschen verstehen es noch nicht ganz?

Nun ja. Sowohl das eine wie das andere vielleicht, nicht? Aber eins muß man doch feststellen, daß man sehr oft erlebt, daß Menschen kein Organ mehr haben, die Kunst – ja – zu »verstehen«. Sie meinen, man müßte die Kunst verstandesmäßig verstehen, also mittels der Begriffe der formalen Logik oder mittels der Kräfte, die sie – ja – die Rationalisierbarkeit der Lebensbereiche nennen. Also das deutet darauf hin, daß das Erziehungswesen den Menschen nicht zu seiner freien Entfaltung der Persönlichkeit gebracht hat, ihm beispielsweise kein Organ entwickelt hat, mit dem man Kunst noch erleben kann. Es liegt also nicht am materialistischen Denken der Künstler, denn die sind ja, sagen wir einmal, nicht unbedingt zu Hause im materialistischen Wissenschaftsbegriff. Nun immerhin: in dem Maße, wie das interdisziplinär wird, kommen auch solche Diskussionen in die Kunst hinein. Das ist schon richtig.

Nein, es liegt an der materialistischen Erziehung der Menschen überhaupt, daß sie zur Kunst kein elementares Verhältnis mehr haben. Oder sagen wir auch einfach: Kein natürliches Verhältnis haben.

Wenn man heute in Erziehungsfragen herumhorcht, könnte man meinen, es drehe sich alles um »autoritär« oder »antiautoritär«. Wie stellen Sie sich dazu?

Ja, das sind ja auch zwei sehr wichtige Begriffe. Wenn man hier von Volksabstimmung spricht, bezieht sich ja dieser Begriff auf die Selbstverwirklichung des Menschen, das heißt, in diesem Falle steht der Begriff Selbstbestimmung im Mittelpunkt. Selbstbestimmen kann sich nur der Mensch, der nicht mehr die Autoritäten über sich gelten läßt, also Führer oder Herrschaftsgruppen oder welche Herrschaftsstrukturen auch immer. Das heißt: nur der Mensch wird sich erheben zu seiner Selbstbestimmung und wird auch nach einem Weg suchen, das im Bereich des Politischen zu verwirklichen, der erkannt hat – sagen wir erst mal wieder, bewußt oder unbewußt – der erkannt hat, daß also die Selbstbestimmung heute die Kraft ist, mit der die Zukunft weiter geht. Nun, habe ich gesagt, liegt das im Menschen wie eine Möglichkeit. Man stellt zweitens natürlich dann fest, daß diese Möglichkeit sehr verschiedenartig ausgebildet ist. Aber im ganzen geschichtlichen Zusammenhang stellt man doch fest, daß der Mensch sich herausringt aus den alten Zwangsverhältnissen, daß er erwacht zum freien, sich selbst bestimmenden Wesen.
Das ist nicht ohne weiteres immer so gewesen in der Geschichte, denn man kann in der Geschichte sehen – wenn man sie – ja – analytisch betrachtet – daß in der menschlichen Biographie etwas Ähnliches sich vollzieht wie in der Geschichte, so daß man sagen könnte: Wenn man heute vom mündigen Menschen spricht, meint man ja auch nicht das vierjährige Kind, meint auch nicht das vierzehnjährige, sondern man weiß schon, daß die Mündigkeit erst in einem bestimmten Lebensalter auftritt. Also der Begriff des Antiautoritären ist erst ein echter Begriff in einem bestimmten Lebensalter eines Menschen und auch erst in einem bestimmten Lebensalter der Menschheit. So daß wir heute eigentlich den Punkt erreicht haben, wo man diese Dinge mehr und mehr vortragen muß auch aus pädagogischen Notwendigkeiten. Also ist das Antiautoritäre als Entwicklungsfaktor im Verhältnis zur menschlichen Freiheit, die immer größer wird – als Entwicklungspunkt notwendig.

Aber in der menschlichen Erziehung ist sie nicht zu allen Zeiten richtig am Platze, beispielsweise nicht im frühen Kindesalter. Denn da braucht der Mensch die Autorität, die auch die Menschheit einmal gebraucht hat, indem sie einen Moses hatte beispielsweise, der die Leute durch die Wüste geführt hat, um nur ein Beispiel zu nennen.
Das Kind braucht das Beispiel, das heißt die Autorität, bis zu einem bestimmten Lebensalter. Ich will hier nicht jetzt eine Zahl nennen, ob es die Autorität braucht bis zum sechzehnten Lebensjahr. Das ist vielleicht jetzt schon genau und intimer zu beobachten, wann die Ablösung geschieht in der gegenwärtigen Phase der Entwicklung. Aber ich würde meinen, bis zum vierzehnten Lebensjahr braucht durchaus der Mensch eine Autorität. Natürlich keinen autoritären Druck, keine Repression, aber er braucht ganz einfach die Autorität, denn an ihr, der Vorbildform, der Widerstandsform, stärkt sich ja gewaltig die Durchbruchsenergie, die in großem Maße für die antiautoritäre freie Evolution benötigt wird.

Er muß sich an etwas richten können.

Richtig, ja. Er muß sich an einer Sache formen können auch.

Und er verträgt auch durchaus eine Beschneidung, wenn er zu wild wächst?

Ja, meine ich auch.

(Auf den nächsten Seiten gibt es mehrere mit... bezeichnete Stellen, da die Bandaufnahme die während des Skizzierens zur Wandtafel hin gesprochenen Erläuterungen unverständlich wiedergibt.)

...

In einem Schrank, der von Ihnen ausgestellt ist, sind unter anderem Zeitungsstapel drin, die mit einem roten Kreuz bepinselt sind, und das findet sich auch an anderen Gegenständen. Was soll das bedeuten?

Hier auch! Das heißt, daß es nur eine Möglichkeit gibt: Das Christentum zu verwirklichen. Nun endlich mal mit dem Christentum zu beginnen. In etwa. Christentum hat's noch nie gegeben, soll das bedeuten [lacht].

Ah, ja?

Und das, was wir meinen als eine direkte Demokratie – die also den Bedarf des Menschen nach seiner Freiheit, nach seiner Gleichheit, nach seiner Brüderlichkeit erfüllen will, das meinen wir als Anfang des Christentums.

Sie halten das Christentum für eine Möglichkeit?

Die einzige Möglichkeit. Ja.

Ist es eigentlich nicht ein braunes Kreuz, kein rotes?

Braun! Braun, also richtig ein erdfarbenes Kreuz.

Hat also mit dem Roten Kreuz an sich nicht eine direkte Verbindung?

Es gibt auch rote Kreuze, nicht? Aber immerhin, diese Kreuze assoziieren auch sehr vieles andere. Beispielsweise, sie nehmen Bezug in einem politischen Kontext, zum Beispiel, zum Dritten Reich. Ja? Zur braunen Kunst. Ich weiß nicht, ob Sie die kennen. Es ist in einer bestimmten Phase sehr wichtig gewesen für meine Arbeit als Auseinandersetzung.

Herr Beuys, steht das Kreuz nicht auch in einem gewissen Zusammenhang mit dem Sterben?

Natürlich. Der Tod. Aber nach zwei Seiten hin.

Was heißt das?

Nun, das Kreuz ist ein Symbol des Todes zunächst, und unsere ganze Kultur arbeitet mit dem Kreuz, nicht? Das heißt – der Wissenschaftsbegriff kennt das Kreuz auch.

[zeichnet]... Sie brauchen sich nur die modernen Hochhäuser anzuschauen... oder das Fadenkreuz im Maschinengewehr.

Das ließe also Anklänge an Mondrians Theorie erkennen? Ist das richtig?

Ja, durchaus. – Auf der anderen Seite sieht man, daß das Kreuz erst in unserer Kulturepoche eine Bedeutung bekommt, also real gelebt wird. Das heißt: der Mensch kommt erst jetzt an den Punkt, wo das Christentum den Tod bezeichnet hat, nicht? Und durch diesen Tod muß die Menschheit hindurch.

[skizziert] Und hinter diesem Kreuz... Hier ist das eine. Das heißt, hier ist das Leben, und hier wird der Tod vorbereitet... Und da ist der Materialismus. Und wenn man den Wissenschaftsbegriff dazu nimmt, dann...

Das deutet aber zur gleichen Zeit darauf hin, nicht wahr, daß der Materialismus auch ein Ergebnis des Christentums selbst ist, nicht? Ja. Das heißt, daß der Mensch nur durch diesen Engpaß hindurch sich selbst verwirklichen kann, sich selbst findet als ein freies Individuum.

[zeichnet]... während er hier, in älteren Kulturen, in mythologische Zusammenhänge hineingestellt ist, wo er überhaupt nicht frei ist, sondern hier wird er bestimmt in andern, höhern Gesetzmäßigkeiten. Inspirationskultur. Da ist der Hohepriester oder die Führerkultur diejenige, die verbindlich ist. Etwa um diese Zeit, wenn man sagt, hier wäre Christi Geburt anzusetzen [zeichnet] ... die Philosophiegeschichte... und dann hätte man hier Kant, und hätte hier Marx – dann zeigt sich die Gedankenentwicklung selbst als hin tendierend zu einer immer stärkern Analyse, immer mehr Abstand nehmend von geistigen Zusammenhängen. Und wirft alles heraus, was Seele heißt, was Gott heißt, was Übersinnliches heißt, und man kommt zum exakten naturwissenschaftlichen Wissenschaftsbegriff.

[zeichnet] Das symbolisiert das auch (das Kreuz?)... das heißt, es ist ein Quadrat, in dem man die Werte eintragen kann.

Und wenn man das als den eigentlichen Verursacher ansieht für unsere gegenwärtige Gesellschaftsordnung, muß man nach einer Möglichkeit suchen, wie man da wieder herausfindet. So daß wieder die Dinge zur Sprache kommen, die diesen Wissenschaftsbegriff...

[zeichnet] denn hier ist Materie, dasjenige, was die Materie als Tod... Während hier Leben angedeutet ist. Danach folgt Seele, danach folgt Geist, danach folgen Stufen des Geistes, sagen wir mal: höhere Formen des Geistes. Schreib mal einfach: Höhere Formen. Das haben wir vor uns. Dann kommt man zu einer neuen Vorstellung vom Menschen.

Dieses neue Menschenbild, nach dem Engpaß, wo ist das herzuholen?

Es ist herzuholen aus der menschlichen Kreativität. Jetzt muß ich mehr einen Blick – darauf – werfen. Es ist herzuholen aus der Fähigkeit des Menschen, ein Creator zu sein, das heißt: ein schöpferisches Wesen. Das ist das Creator-Prinzip. Daß man also erkennt – ja, es ist doch der Mensch, der die Geschichte macht, – wer denn sonst? Doch nicht die äußeren materiellen Verhältnisse oder die – einseitig – die Produktionsmittelverhältnisse, nicht wahr, oder die Verhältnisse des Wirtschaftslebens. Wenn man feststellt, daß unsere Gesellschaftsordnung die wichtigsten Menschheitsaufgaben nicht lösen kann, dann wird man nach einem Weg

suchen müssen, der nach dieser Methode die Aufgaben löst. Denn das ist doch der Bereich der Soziologie. Das ist der Bereich der Soziologie, während aus dem materialistischen Wissenschaftsbegriff heraus sich noch gar keine Soziologie bilden läßt, im Prinzip. Von Psychologie – ja – von Religion, von Kunst kann man eigentlich nur in diesen Zusammenhängen sprechen ... nicht in diesen.
Aber deswegen wird dies durchaus nicht nur negativ ... sondern auch hier können wir ein Kreuz setzen, jetzt in einer andern Bedeutung. Das heißt, als Plus [zeichnet]. + Das ist ein Plus. Man muß nicht verstehen, daß das jetzt von der Entwicklung her gesehen ein Negativum alleine wäre, sondern daß hier entsteht: Freiheit. Und zwar jetzt INDIVIDUELLE Freiheit. Individuelle Freiheit. Das heißt: es vollzieht sich alles durch das Individuum.

Wie soll sich das Ganze konkret vollziehen? Sie arbeiten doch auf dieses Ziel hin, in einer ganz kleinen Gruppe?

Nee, wir sind nicht so eine kleine Gruppe. Erstens mal haben wir schon sehr viele Intentionen, und wir kennen sehr viele Gruppen, die an diesen Problemen arbeiten auf der Welt.

Das wären zum Beispiel?

Das wären erstens mal unsere mit uns kooperierenden Gruppen, zweitens wären es aber auch im Bereich der Psychologie Lehrer, die nach einer ganz andern Methodik arbeiten. Es wären auch Anthroposophen zu nennen, beispielsweise, die an diesen Dingen denken. Es gibt auf der Welt viele Menschen, die nicht mehr im engen Wissenschaftsbegriff arbeiten, oder schon seit langem nach anderen Methoden arbeiten.

Sie halten den Weg über Kunst als die beste Möglichkeit, diese Ziele zu erreichen?

Ja, weil: alles menschliche Wissen stammt aus der Kunst. Jede Fähigkeit stammt aus der Kunstfähigkeit des Menschen, das heißt: kreativ tätig zu sein. Woher soll es anders stammen können? Der Wissenschaftsbegriff ist erst eine

Abgablung von dem allgemeinen Kreativen. Aus diesem Grunde muß man auch eine künstlerische Erziehung für den Menschen fordern, nicht? Instinktiv weiß man das ja auch. Infolgedessen gibt es in der Schule den Kunstunterricht. Aber man weiß es nicht gründlich genug. Es ist mehr oder weniger nur aus Tradition noch da – und degeneriert. Und die Tendenz ist ja von einer Seite aus eine absterbende, das heißt, der Staat legt keinen großen Wert mehr auf die künstlerische ästhetische Erziehung des Menschen, sondern er legt Wert auf die Reproduktion von technischer Intelligenz zur Aufrechterhaltung seines Machtsystems. Aus diesem Grund kommt man an die Lösung der politischen Aufgabenstellung für die Zukunft, auch an die Ausbildung einer neuen Vorstellung für die zukünftige Gesellschaftsordnung nur weiter an Hand des Menschenbildes selbst.

Herr Beuys, ist das nicht eigentlich eine Flucht, wenn man zum Beispiel in der Hauptschule Kunst unterrichtet und den Kindern beibringt, daß sie dies so erfahren, oder so handeln können, daß sie eben halt ihre Zwänge, die sie im alltäglichen Leben haben, kompensieren? Ist das nicht eigentlich ein schiefes Bild? Wäre es nicht viel besser, man würde die Kinder dazu bringen, diese Zwänge lieber erkennen und gegen diese Zwänge angehen lernen?

Ja. Wahrscheinlich wäre es. Ja, doch – ich glaube, ich bin mit Ihnen einer Meinung.

Ich kenne Ihre Schule in Düsseldorf nicht, aber ich könnte mir vorstellen, daß es da auch ab und zu so was gibt wie 'ne Therapie, also Kunst als Therapie. Ist das nicht eigentlich falsch?

Ja – doch doch. Kunst IST ja Therapie. Aber bei dieser Therapie sollte man sich sozusagen ein Bewußtsein erschaffen, das heißt, man sollte nicht darauf verzichten, in Zusammenhängen zu DENKEN. Denn die Therapie, die sozusagen nur Aggressionen ableiten will, oder die sozusagen die Menschen beschäftigen will – das greift ja alles gar nicht tief genug in den Gesamterkenntnisprozeß hinein. Deswegen plädiere ich ja schon seit zehn Jahren für eine Kunsterziehung, die sich nicht nur während der Malstunden oder während der Zeichenstunden äußert, sondern für eine grundsätzlich künstlerische Erziehung durch alle Fächer hindurch. Man kann nämlich künstlerisch durchaus in der Mathematik vorgehen, denn die Mathematik arbeitet mit Formen. Sie haben vorhin Mondrian angedeutet. Die Mathematik besteht ja nur aus Formen. Auch die Zahlen selbst sind Proportionen und Formen also.

Auch im Deutschunterricht handelt es sich ja um die Sprache. Und die Sprache ist selbstverständlich für mich sowieso die erste Sorte von Skulptur. Man formt den Gedanken in einem Ausdrucksmittel. Das Ausdrucksmittel selbst ist die Sprache. Man müßte also schon den Gedanken selbst so betrachten lernen – daß die Menschen lernen ihn zu betrachten wie ein Künstler sein Werk, das heißt: auf seine Form, auf seine Proportioniertheit, auf seine Kraft. Bei der Sprache müßte man mehr Wert legen ebenfalls auf die Form, auf den Klang, auf die Qualität. Dann hat man doch erst einen Sprachunterricht, also dann kann man doch meines Erachtens erst Deutsch unterrichten, wenn man sozusagen den Wert auf die Güte, das Künstlerische legt.

Das sind fromme Wünsche!

Ja nun. Wünsche! Man muß damit in der Praxis beginnen. Wünsche sind das natürlich auch.

Aber man muß sich nur mal die Ausbildung der Lehrer an, meinetwegen, erziehungswissenschaftlichen Hochschulen angucken und dann, was Sie zum Beispiel fordern – dann ist da eine ungeheure Diskrepanz.

Deswegen sprechen wir ja gegen solche Ausbildungsweisen.

Gut.

Sie sterben aber erst dann aus, wenn möglichst viel Einsicht in diese Zusammenhänge geschaffen wird, das heißt: das erste Wichtige ist die Einsicht jedes einzelnen in die Zusammenhänge. Das zweite ist, daß er aus seiner Einsicht heraus ins Handeln kommt, in ein Handeln, was nicht schizophren ist, sondern was entsprechend der Einsicht verläuft. Dann werden auf diesem Wege neue Einrichtungen geschaffen. Oder die alten Einrichtungen werden langsam nach und nach umgebaut. Aber das Wichtigste ist immer die Einsicht. Ohne die Einsicht kommt es nicht zu einem vernünftigen Handeln.

...Morgen Feelisch!

Alles kar?

Ja.

(Bandwechsel)

...vorweggenommen sozusagen, in großen Zügen – und zwar sogar, ja, zum Beispiel: daß es höhere Sorten der Erkenntnis gibt als nur die Dinge, die sich auf die Materie beziehen.

Diesen Ausgangspunkt muß man ja eigentlich auch ein bißchen im historischen Zusammenhang sehen. Der Materialismus seinerzeit sah etwas anders aus als unserer.

Es war überhaupt kein Materialismus.

Oh, ja!

Nee. Oder sagen wir so: Graduell deutet sich das jedenfalls an [zeichnet weiter]...: Wenn wir da mal eine Zeit nehmen, was nicht Materialismus bedeutet – dann zielt das ja ab auf diesen Schnittpunkt. Aristoteles steht ungefähr hier, also hat er prinzipiell natürlich schon Teil, beispielsweise, da er sehr analytisch vorgeht. Was sie früher nie gekannt haben.

Bei den Vorsokratikern war ja nun – also, ich würd's auf jeden Fall als Materialismus bezeichnen, von dem die ausgingen. Das war eine andere Form als wir heute haben. Wenn wir von Materialismus sprechen, denken wir an wirtschaftliche Kategorien. Das war bei denen ja nun nicht der Fall.

Ja, aber was du da bei den Vorsokratikern als Materialismus entdeckst – das ist aber ein viel elementarerer Zusammenhang mit dem Leben der Materie, mit Elementarkräften.

Das ist schon richtig, ja.

Und mit all diesen Kräften, oder auch mit Naturkräften...

...Das Leben war für die aber doch nur ein Störungsfaktor in ihren Überlegungen.

Weil sie nicht materialistisch gedacht haben.

Die Vollendung praktisch des Geistigen, wo die Materie stört.

Im Prinzip hat das ja nun auch viel zu tun mit der östlichen Weisheit, die stört die Materie ja auch. – Die wollen die Erde gar nicht akzeptieren.

Und Christentum im Grunde ja auch nicht.

Ja, Christentum akzeptiert die Erde voll! Das ist genau der Unterschied.

Ein Gegenpol vielleicht. Aber im Endeffekt akzeptiert es sie nicht.

Voll! Es bejaht sie sogar. Hundertprozentig.

Was heißt Christentum in dem Augenblick?

Das heißt: Das Wort ist Fleisch geworden. Das Wort als ein Zeichen für das gesamte übersinnliche Schöpfungsprinzip. Das Wort. »Im Anfang war das Wort.« »Das Wort ist Fleisch geworden.« Jetzt erst beginnt die Erde als Erde akzeptiert zu werden.

[Die Kasseler Kirchenglocken läuten den Sonntagmorgen ein. Es entsteht eine kleine Pause.]

Und jetzt erst wird voll bewußt, daß die Erde sozusagen die einzige Möglichkeit ist für die Entwicklung des Menschen.

Also, ich würde das wirklich anders interpretieren. Wenn ich Christentum charakterisieren sollte in der Zeit der Entstehung, so wurde zum erstenmal der Mensch – oder das Leben – in vollem Umfang in die Überlegung miteinbezogen.

...

Und diesen Schnittpunkt seh ich an: zum erstenmal menschliche Freiheit – oder menschliche Selbstbestimmung zum erstenmal voll integriert.

Richtig.

Das bezeichne ich mit dem Beginn des Christentums oder der christlichen Philosophie.

Ja. Ja. Da fängt das an.

Und da gab's auch gleich die Schwierigkeiten, weil es ja im krassen Widerspruch zur geschichtlichen Situation stand, zur Umweltsituation. Die war ja nun eben ganz anders. Demokratie war einfach undenkbar. – Diese Form von Demokratie, die die Griechen entwickelten, war ja letztlich keine Demokratie.

Nee. War ja Sklavenstaat.

Genau. Ich meine, die haben zwar schon verstanden, die Notwendigkeit eingesehen, das menschliche Leben mit seinen Unvollkommenheiten und Bedürfnissen usw. vollgültig zu akzeptieren als Gegebenheit, wie Umweltgegebenheit. Vorher standen ganz einfach die Umwelt und die Prinzipien, die aufgestellt wurden, die Umwelt zu bewältigen, im Vordergrund. Der Mensch kam erst an letzter Stelle.

Richtig.

Das heißt, der Stellenwert wurde verändert.

Er lebte ja viel instinktiver mit den Dingen zusammen. Das war eine Einheit. Die Trennung zwischen Subjekt und Objekt war überhaupt noch nicht da.

Und ich meine, im Christentum wird das getrennt.

Erst dann steht der Mensch der Umwelt gegenüber. Vorher stand er nicht gegenüber, sondern er war mit ihr durchdrungen. Er lebte in dieser Umwelt.

Man könnte dieses Bild genauso als individuelle Entwicklung nehmen. Das heißt, ein Kind kann auch noch nicht die Umwelt von seiner Existenz trennen – das heißt, das Kind steht auch nicht der Umwelt gegenüber, sondern es lebt mit der Umwelt. Deswegen ist zum Beispiel die Mengenlehre so fatal. Die Mengenlehre ist aus diesem Grunde so fatal, weil sie das kindliche Bewußtsein überhaupt nie in Rechnung stellt.

...Man sieht doch zum Beispiel diese Bilder von Bäumen,

da läuft ein Hund, und da ist ein Kreis von Kindern ... Dann sagt der Lehrer: nimm aus den Dingen, die du hier siehst, alle die Dinge heraus, die nicht zu den Kindern gehören; natürlich zählen dann die Kinder den Hund dazu. Und dann sagt der Lehrer: falsch, Liste 5. Für das Kind zählt der Hund nämlich zu seiner Existenz noch ungetrennt dazu. Also die Lösung der Aufgabe hat das Kind von seiner Anschauung her viel richtiger gelöst als der Lehrer, der sagte: das ist falsch. Dieser Standpunkt, daß man sozusagen die Sache so auseinandertrennt, die kommt ja erst in einem viel höheren Alter ... Auf jeden Fall ist eine, sagen wir mal, Subjekt/Objekt-Beziehung, wie sie im Schulwesen z. B. heute schon in der ersten Volksschulklasse behandelt wird, ganz falsch für die ...

Absichtlich. Absichtlich. Damit fassest du das Problem der institutionalisierenden Erziehung an.

... in Subjekt und Objekt, wo sich das trennt. Und daß Aristoteles zwar technisch schon denken kann – ja, durchaus – aber daß er die Dinge des Denkens noch in einem ganz andern Zusammenhang sieht.

Das nennt er hier zum Beispiel die universalia in re, d. h. in der Sache selbst. Er kennt aber noch eine universalia vor der Sache, ante rem – das heißt: das Schöpfungsprinzip selbst. Das sind hier die universalia ante [schreibt] – vor der Zeit, vor der eigentlichen Zeit.

Warum gehst du eigentlich so weit zurück bis Aristoteles?

Weil das wichtig ist.

Warum nimmst du nicht den Schnittpunkt da, wo diese Trennung bereits erfolgt ist? Denn da bestimmt ja das Prinzip eigentlich erst, da wird's ja zum erstenmal doch in vollem Umfang sichtbar. Nicht bei Aristoteles.

Doch. Bei Aristoteles wird es jedenfalls in seiner Denktechnik viel voller sichtbar als zum Beispiel bei Kant. Der kommt zum Beispiel zu der Feststellung, daß das Subjekt ... das Objekt, also das Ding an sich – das ist die universalia ante, das Ding an sich – ... das vermutete ... Kant hinter den Dingen. Und da er keinen Zugang hat zu dieser, sagen wir mal, elementaren Gegebenheit im Geistigen, sagt er: das Ding an sich werden wir nie erkennen. Infolgedessen ist alles subjektives Erlebnis, und wir sehen die Welt ... ist unsere Welt, d. h. subjektiv, als Ergebnis des Subjekts. Er kriegt die Dinge nie in einen Zusammenhang.

Das ist, was ich meine. Deshalb meine Frage. Kant ist ja schon wieder zu sehr befaßt mit Problemen, die wir heute noch zu lösen haben.

Genau. Aber eben: Weil die Dinge, die wir zu lösen haben, bei Kant nicht gelöst sind, muß man wieder zurück auf Aristoteles ...

den Ursprung

um zum Beispiel zu zeigen, nicht wahr, daß er, sagen wir mal, diesem Denkirrtum ja noch gar nicht verfallen ist. Denn jetzt kann man auch wieder sagen: der Denkirrtum von Kant hatte auch sein Positives. Denn ohne diesen Denkirrtum von Kant hätte es zum Beispiel keinen Materialismus ... Wäre die Linie von Aristoteles fein sauber durchgegangen, hätte es wahrscheinlich diese KRISE nicht gegeben, die auch wohl wichtig ist für die, sagen wir mal, individuelle Selbstverwirklichung und Emanzipation von Inspirationskultur.

Ich halte gerade diese Krisenzeit, die sich hier in deiner Darstellung als wesentlicher Schnittpunkt zwangsläufig ergibt, für die wichtigere Zeit.

Ja. Deswegen kannst du diese Krisenzeit auch als die Glanzzeit nennen.

Ja. Richtig.

Dies ist ja eben das Widersprüchliche. Auch wenn man über dieses Widersprüchliche spricht, muß man zurückgreifen – muß man eben, wie das so schön heißt, über Gott und die Welt sprechen in ganzen Zusammenhängen.
[Bandwechsel]

...

Ich habe ja nie gesagt, daß der Materialismus schlecht ist.

Ich meine, dieser Rückgriff verwirrt ein bißchen.

Doch. Das ist Geschichtsanalyse. Genauso, wie's individuelle Analyse gibt – Psychoanalyse – muß es auch Gesellschaftsanalyse geben. Gesellschaftsanalyse ist Geschichtsanalyse.

Aber der Schritt nach diesem Meridian ist einfach zu groß für uns heute.

Nee.

Man muß dann wirklich Aristoteles auch im Zusammenhang mit seiner Umwelt, in seiner Zeit sehen.

Aber in der Zeit siehst du ihn ja am besten im Detail, indem du die Verbindung von da ... nach da ... ziehst, ihn sozusagen auf dem Zeitband siehst, in seiner Zeitfunktion. Dann siehst du ihn am besten ... d. h. in seinem Zusammenhang nach rückwärts und nach vorwärts.

Denn hinterher kommt ja gleich die Scholastik. Einerseits nimmt die den vollkommen auseinander und differenzierte ihn und baute ihn aus, auf der anderen Seite kommen aber auch schon Fehler in die Sache herein. Sehr große Fehler. Und die bereiten nachher die Sache vor, die immer mehr in den Materialismus treibt, regelrecht treibt, aufgrund von Engpässen, immer neuen Engpässen.

Also müßtest du, genau genommen, um die einzelnen richtigen Erkenntnisse auch sichtbar zu machen, noch einen Streifen zurückgreifen vor Aristoteles.

Natürlich. Ja, vollkommen.

...

...aber wichtig ist, daß du die Dreigliederung anschaust – Freiheit, Gleichheit, Brüderlichkeit. Gibt's auch bei Aristoteles schon die Dreigliederung: universalia ante rem, in re, post rem.

Na ja. Du kannst es ja nicht mit diesen Dreien vergleichen.

Doch. Nicht vergleichen, so ohne weiteres. Aber man kann die Parallelität sehen.

Nun ja – also eins war bei Aristoteles in jedem Fall ja ausgeklammert: der Begriff Brüderlichkeit hatte für ihn ja wohl keine Bedeutung.

Nicht in der Form.

Ich würde sagen, gar keiner. Freiheit und Gleichheit schon – und dann ein absolutes Prinzip...

Ja, was war das absolute Prinzip?

Ich würde sagen, da ist die Ecke, in der er als ein Mann, der eingebunden ist in subjektives Denken und subjektive Erkenntnisse, dem also die Fähigkeit abgeht, stärker zu objektivieren so wie wir es heute in überreichem Maße erleben...

Ja, aber wir können es heute nur aufgrund der Leistung von Aristoteles, weil er unheimlich gründlich die Sache der Objekte und der Subjekte...

Ich meine, mit Prinzipien im Zusammenhang – bei Aristoteles ist das eine Ecke Glauben.

Ach was! Aristoteles scheint nichts ferner als irgendein Glaube, sondern er war wahrscheinlich der radikalste Philosoph, den man überhaupt kennt in dieser Sache – der hat mehr wie eine Begriffstechnik entwickelt, die also beispielhaft ist. Eine Sauberkeit und eine Genauigkeit, die wirklich beispielhaft ist. Da gibt's nix von Glauben oder verschwommenen Dingen. Gerade deswegen ist er auch wieder so wichtig. Später kamen erst die Mischformen dazu wieder...

Das hat mit Religiosität nix zu tun. Aber es ist eine Ecke Glauben. Der Glaube daran, mit Hilfe des Geistes, mit Hilfe subjektiver Erkenntnis Prinzipien zu erkennen...

Aber das würde ich nicht Glauben nennen, sondern Standpunkt. Das heißt, er hatte erkannt – er war ja selber noch sozusagen ein Schüler der Mysterien, er kannte also die alten, sagen wir Mysterienweisheiten, Offenbarungsweisheiten. Aber er hat bewußt einen anderen Standpunkt bezogen. Er hat gesagt: das ist passé. Wir müssen das jetzt selber machen. Wir können uns jetzt nicht mehr hier so inspirieren lassen... Ich sehe ganz klar seinen Standpunkt, den er bezieht – einen ganz klaren Standpunkt: daß er Schluß macht mit etwas Altem, was schon in Degeneration sich befindet, nicht?

Ja, ja. Das ist richtig. Er ist zumindest einer der wichtigen.

In der abendländischen Kultur kannst du keinen wichtigeren finden, wenn du...

Aus diesem Grunde sind ja zum Beispiel die Kybernetiker so scharf hinter dem Aristoteles her. Zum Beispiel, Max Bense ist ein Aristoteliker, wenn du so willst.

Das spricht nicht für Aristoteles.

[lacht]: Nee. Ganz klar. Der hat Aristoteles auch nicht verstanden!

Da hast du recht!

[Lachen]

Es ist also zunächst in jedem einzelnen ein entsprechendes Bewußtsein zu schaffen für die aktive politische Mitarbeit?

Ja. Richtig. Man wird zum Beispiel nachweisen können, daß er sich erst dann als Mensch erlebt, indem er sozusagen Möglichkeiten kennenlernt, wie man politische Verantwortung übernehmen kann. Denn unsere jetzigen Systeme beteiligen den Menschen ja viel zu wenig an Entscheidungen. In diesem Moment, wo die Menschen ein Instrument sehen, wie sie tatsächlich Verantwortung echt übernehmen können, werden sie ein Bedürfnis sogar danach entwickeln, das heißt: der Mensch wird kennenlernen, daß es von ihm abhängt. Und in diesem Augenblick, wenn er das erkennt, wird er dementsprechend handeln. Und ein einfach glücklicherer Mensch sein. Das ist ja zum Beispiel auch eine Frage der Entfremdung – er wird glücklicher werden, indem er sieht: Es kommt auf mich an. Ich bin ein Glied in der Gesellschaft. An jeder Stelle, wo ich stehe – ob ich im Schulwesen stehe, in der Rechtsverwaltung oder am Arbeitsplatz stehe, bin ich ein notwendiges Glied in dieser Gesellschaft.

Der einzelne wird dann in sich wiederum autonomer. Er sieht sich mehr im Zusammenhang der Gesellschaft – und er wird diesen Entfremdungsprozeß überwinden.

Ja.

Glauben Sie, daß die Bereitschaft dazu da sein wird in den breiten Bevölkerungskreisen, unter den heutigen Umständen?

Es ist schwer. Aber was schwer ist, ist oft lohnend. Denn wenn wir nicht mit dieser Arbeit sehr intensiv bald beginnen, werden wir am Ende des Jahrhunderts das Problem noch nicht beseitigt haben. Und werden sicher am Ende des Jahrhunderts in einem Chaos von Staatsgebilden leben müssen. Das heißt: Dann wird der Mensch immer mehr und mehr zum Roboter sich entwickeln. Wir versuchen also, möglichst intensiv an der Sache zu arbeiten. Gerade, weil wir erkannt haben, daß es schwer ist, oder gerade, weil wir erkannnt haben, daß so etwas lange dauern könnte. Es dauert nämlich noch länger, wenn wir nicht mit dieser Arbeit jetzt beginnen.

Das stimmt.

Und das ist eine sehr spannende Geschichte. Wir werden es nach und nach fertig bringen müssen, den Menschen diese Materie, d. h. was man mal »Politik« genannt hat – und was ja gar nicht den Charakter verdirbt – umzuwandeln in Begriffe, wo jeder sich als Glied der Gesellschaft empfindet – wo einer schöpferisch daran mitarbeiten kann. Also in dieser Weise wird eine zukünftige Politik ja eher zu einer Kunst. Und daß Menschen kennenlernen, daß diese Begriffe hier eminent, sagen wir mal, menschlich, künstlerisch sind, so daß es interessant und spannend ist, sich mit der Materie zu befassen, d. h. mit Fragen der Ökonomie, mit Fragen des Rechtes, mit Fragen des Schulwesens, mit Fragen der Kunst, Wissenschaft usw. Daß man dann sozusagen über den gesamten sozialen Organismus DENKT, als Mensch mitdenkt, mitschafft. Und das nicht einigen wenigen überläßt, die dann natürlich Gewinn für sich aus der Sache schlagen. Wenn man es einigen wenigen überläßt, kann man damit rechnen, daß sie ihren Egoismus an der Sache befriedigen.

Wenn man sagt: die Menschen müssen es lernen, muß man sich erst meinen. Das ist ganz klar. Nicht daß der Irrtum entsteht – nicht wahr –, daß man meint, ich hätte jetzt die Weisheit mit Löffeln gefressen und würde sagen, die andern haben kein Bewußtsein – sondern im Gegenteil. Ich sage: jeder Mensch hat ein ganz besonderes Bewußtsein, eine Möglichkeit. Diese Möglichkeit ist nicht abgeschlossen. Diese Möglichkeit kann man also zu einer größeren Möglichkeit entwickeln. Und das kann man am besten durch – ja, sagen wir einmal, durch einen Schulungs- und Informationsvorgang. Aber dieser Schulungsvorgang sollte wiederum nicht autoritär sein, sondern er sollte oszillierend zwischen Menschen stattfinden, das heißt, ein universelles Lehrer- und Schülerverhältnis sein. Zwischenmenschlich. Im Grunde so universell, daß man sagen kann: Die Sprache selbst ist der Lehrer. Das heißt, in dem Augenblick, wo ich spreche, bin ich mal im Moment der Lehrer. Und wo ich zuhöre, bin ich der Student – nicht? Also wenn ich Ihnen zuhöre, bin ich der Lernende. So universell müßte man das auffassen. Und das wollen wir regelrecht hervorrufen. Daß also die Sprachlosigkeit zwischen den Menschen überwunden wird, daß ihre Isolation und ihre, sagen wir mal, Abtrennung des einen Menschen vom andern überwunden wird. Denn die Klüfte, die gegenwärtig zwischen den Individuen bestehen, waren in der Geschichte noch nie so groß. Es ist dem Menschen noch nie so schwergefallen, die Isolation zu durchbrechen, also beispielsweise ...

Gilt das auch für das sozialistische System?

Das ist auch im sozialistischen System so, zweifellos. Es ist gegegenwärtig auf der ganzen Welt so. Ich glaube, das hängt auch eher zusammen mit der gesamten Geschichte, insofern als das Individuum ja gegenwärtig, oder im letzten Jahrhundert sich allmählich erst bildet. Das heißt, daß sich alles durch das Individuum vollzieht. Und da der Mensch sozusagen diese Kraft spürt – daß er sich also antiautoritär verhalten will in seinem inneren Freiheitserleben, in dem Maße wird Selbstbestimmung gefordert vom Menschen. Und dem muß man natürlich eine Vorstellung bereitstellen, einem solchen Willen. Und dazu muß man Instrumente schaffen, damit diese Selbstbestimmung stattfinden kann, echt stattfinden kann. Und nicht pseudohaft – nicht?

Darf man mal fragen, wie Sie als Lehrer an Ihrer Schule diese Instrumente schaffen? Sie werden es doch kaum so machen, daß Sie jemand, der bei Ihnen studieren will, mit den Papieren, die Sie hier erarbeitet haben, konfrontieren.

...

...wie er zurecht kommt dann. Dazu hat er bei mir anderthalb Jahre Zeit. Also eine Probezeit.

Nun unterrichten Sie ja an einer Kunstschule.

Ja.

Nun kommen Leute dorthin und sagen: Ja, ich will zeichnen. Ich will erst einmal mit dem, was hier getan wird, nichts zu tun haben.

Ja, ich falle doch sowieso nicht mit so 'nem Papier über die Menschen hinab.

Nein, nein. Nun sind Sie aber Beuys – und Beuys ist 'ne bekannte Figur; viele denken – zu Ihnen kommen da bestimmte Motive.

Unter Umständen nur das Motiv, studieren zu wollen. Und er weiß inzwischen, daß man bei mir studieren kann.

Also der kommt zum Beispiel deshalb zu Ihnen, weil er weiß, daß bei Ihnen dieses Distanzverhältnis: hie Professor – da Student, von vornherein erst einmal nicht da ist, nicht?

Ja, nicht alle wissen das. Manche wissen auch etwas anderes. Manche wissen nur, daß bei mir die Möglichkeit besteht, mit dem Studium zu beginnen, während überall die Türen ihnen vor der Nase zugeschlagen werden. Die sagen: Numerus clausus. Wir wollen nicht mehr. Wir wollen nicht mehr als fünf oder zehn Studenten in unserer Klasse haben, also bleib gefälligst draußen. Schau dich irgendwo anders um; und da, wo man sich dann umschaut, wird einem wieder die Türe vor der Nase zugeschlagen.

Kann man annehmen, daß jetzt bei der, mit üblichen Verhältnissen gemessen ziemlich großen Zahl von Studenten, mit denen Sie umgehen, so etwas – ich sage jetzt mal nicht wie ein Modell – sondern so etwas, wie Sie's hier propagieren, tatsächlich praktiziert wird?

Ja, so praktiziere ich es. Das heißt, andererseits bin ich natürlich auf eine Lösung aus. Ich selbst empfinde es durchaus nicht als den glücklichsten Zustand, beispielsweise, mit 400 Studenten unterrichten zu müssen.

Nein!

Deswegen suche ich nach einem Ausweg. Aber immerhin: daß die Menschen, die bei mir sind, mit ihrem Studium beginnen können, ist besser als gar nicht mit dem Studium beginnen zu können. Also ich weiß durchaus, daß ich mich in einer Notsituation befinde. Aber wie immer: eine Notsituation fordert den Menschen heraus. Und insofern ist die Notsituation oft für den Studenten noch eine gute Situation, indem einfach mehr Aktivität von ihm gefordert wird. Also wer nun diese Aktivität aus sich herausholen kann, der kommt aus einem solchen Studium tatsächlich als ein sehr fähiger hervor. Und diejenigen, die diese Energie nicht im Laufe dieses Anderthalbjahres in Gang setzen können, die müssen allerdings dann erst einmal wieder heraus.

Eine Frage vorweg: Können Sie einmal ganz kurz umreißen, wie jetzt in so einer Notsituation – das ist ja einzusehen – das Kommunikationssystem zwischen Ihnen und 400 Studenten funktioniert?

Indem ich nach Möglichkeit danach strebe, daß also – na ja, wie soll man's mal darstellen – [zeichnet] daß ich es nicht nur alleine mit den Studenten zu tun habe – sagen wir mal so... sondern daß jetzt hier, na ja – machen wir's mal so... daß jetzt hier auch ältere Studenten wieder mit denen arbeiten – der Student des 4. Semesters mit dem arbeitet – die arbeiten zusammen, und die arbeiten zusammen, und schließlich arbeite ich auch mit. Daß ich also so oder so oder so arbeite... Aber ich kann nicht jeden Tag an jeden einzelnen Studenten gelangen.

Nein, nein. Gar nicht möglich.

Ich kann aber jeden Tag auf irgendeinen Studenten stoßen und mit ihm...

Ich will möglichst die Studenten vom ersten Tage darauf aufmerksam machen, daß sie nicht nur Studenten sein müssen, sondern auch sofort Lehrer.

Ja ja. Jetzt, sagen Sie, stellt sich heraus nach anderthalb Jahren, daß jemand nicht – jetzt kann man ja nicht mehr sagen: studierfähig ist – sondern daß er die Energien, die dort entwickelt werden können, nicht entwickelt hat, dann müßte er, wenn ich Sie recht in Erinnerung habe, etwas anderes versuchen?

Richtig.

Wie entwickeln Sie die Kriterien nach anderthalb Jahren dafür, ob er Energien entwickelt hat oder nicht – ich meine jetzt keine fachlichen Kriterien?

Erstens mal greife ich nicht mit den Kriterien vor, greife ich erst, wieder in einer zweiten Notsituation ein überhaupt. ...findet der Mensch selbst anhand des Vergleiches. Er sieht zum Beispiel, was ein Student, der am Ende seines Studiums ist, fertiggebracht hat, was er leisten kann – sowohl theoretisch, also in Begriffsbildung, in pädagogischen Vorstellungen – und was er auch machen kann als Maler oder Bildhauer und so weiter. Und er erfährt durch einen Studenten, der im 4. Semester ist, etwas über seine Möglichkeit, das heißt, er erfährt sehr schnell ob er überhaupt eine Möglichkeit hat anhand des Vergleiches, nicht? Manche Studenten erkennen schon nach vier, fünf Wochen, daß das nicht ihre Sache ist – wenn sie sehen, was geleistet wird, wie gedacht wird usw., dann sagen sie: Ja, ich hatte mir die Sache anders vorgestellt usw. – es ist doch einfach nicht so. Ich glaube doch, es war eine Illusion, sagen sie. Ich studiere jetzt Medizin. Also so etwas regelt sich weitgehend selbst.

Das wäre, wenn dort innerhalb dieses Anderthalbjahres-Raumes Energie für den Entschluß gefunden worden ist, Medizin zu studieren...

ein Positives.

ein Positives.

Denn dann würde er Medizin sozusagen nicht im Traumzustand studieren, sondern aufgrund von bestimmten Begriffen.

Erfahrungen.

Erfahrungen, die er schon hat. Ich selbst habe zum Beispiel auch nicht traumhaft in die Kunst hineingefunden, sondern umgekehrt – ich habe angefangen, Wissenschaft zu studieren. Und habe anhand dessen, was mir dort begegnet ist, erst erfahren, daß mich das gar nicht befriedigt, dieses Eingeengtsein, und habe einfach aus einer regelrechten vergleichenden Überlegung dann erst den Weg zur Kunst gefunden. Aber ich sage auch nicht, daß die Zeit, die ich in der Naturwissenschaft zugebracht habe, verloren war für mich, sondern ich habe festgestellt: nur aufgrund dieses Anfangs hat sich bei mir die Entscheidung zur Kunst in richtiger Form ausgebildet.

Und umgekehrt könnte, wenn jemand, der sich beispielsweise anderthalb Jahre aufgehalten hat und in die Wissenschaft geht, in die Naturwissenschaft...

Das tun ja viele.

das, was er hier an sogenannten kreativen Momenten erkannt hat, in ja immer noch bestehend Normatives einfließen, so daß dort etwas anderes getan wird.

Aber, was sagen Sie denn jetzt dazu – ich meine, ich habe das damals gelesen und auch gehört, wie Sie mit Bense sich unterhalten haben – was sagen Sie denn zu einem Kritiker, der Ihnen sagt: Ja hör mal, was du da machst, das ist alles ganz schön und gut; mit dem Wort »kreativ« spielt man heute so herum, aber schließlich kann er doch nichts damit anfangen. Man wirft Ihnen doch von der Seite vor, Sie seien ein Illusionist, ein Träumer.

Sie sprächen zwar Sprache, aber diese Sprache ließe sich in keines der eben besprochenen Gebiete – Wissenschaft oder Technik, einbringen?

Nun ja, kann man ja leicht das Gegenteil beweisen, wenn man vor einem Forum spricht, wo Menschen einfach zuhören können. Meist geschehen solche Urteile ja hinter geschlossenen Vorhängen.

Immerhin, diese Diskussion mit Bense war ja – so fragmentarisch wie sie war, weil es sich um ein Podiumsgespräch handelte – doch immerhin aufschlußreich. Das heißt: ich arbeitete mit andern Begriffen als Herr Bense. Und daß die Menschen da mal zuschauen können, ist doch im eminenten Sinne wichtig – daß ich beispielsweise einen andern Wissenschaftsbegriff habe als Herr Bense. Damit verurteile ich ja nicht Herrn Bense, sondern stelle erst mal dar: es gibt eine solche Auffassung von Wissenschaft und eine solche. Also über Wissenschaft kann man so und so denken. Wissenschaft ist nicht eine fixierte Sache, sondern es gibt wohl starke Kräfte in der Welt, die wollen den Wissenschaftsbegriff fixieren, zementieren. Aber was jeweils Wissenschaft ist, muß doch genau untersucht werden. Die Wissenschaft der Ägypter war doch eine andere als die Wissenschaft der Römer, und die Wissenschaft der Neuzeit ist eine andere als die Wissenschaft der Zukunft. Das ist doch klar. Wir wollen doch nicht einfach sagen: wir sind am Ende der Geschichte angekommen. Das heißt, es ist doch zu fragen, ob das exakte naturwissenschaftliche Denken schon die Endform des Wissenschaftsbegriffes ist. Ob das nicht nur eine Durchgangsform ist. Eine Ausgangsform unter Umständen für die nächste Zukunft. Also daß man unter Umständen diesen Wissenschaftsbegriff in den Mittelpunkt der Diskussion nehmen muß. Daß man nachweisen muß: was ist denn der Materialismus seinem Wesen nach? Wie ist er entstanden, genetisch? Die ganze geschichtliche Embryologie sozusagen herausholen. Geschichtsbewußtsein schaffen. Das halte ich vor allen Dingen für sehr wichtig für den Künstler. Daß er sozusagen das Bildende in der Geschichte erfährt. Daß er nicht die Geschichte wie ein abstraktes Aneinanderreihen von Evénements versteht, sondern daß er die Geschichte kennenlernt wie eine organische Ausformung von Welt – genau wie Embryologie, nicht? Also organisch begreifen lernt. Und dann bekommt er zugleich die ersten plastischen Vorstellungen. Mein Begriff von Plastik ist sehr universell.

Ja ja.

Ich betrachte auch den menschlichen Gedanken schon wie

die erste Plastik, die aus dem Menschen herauskommt. Daß er seinen Gedanken so betrachen kann wie ein Künstler sein Werk, nicht?

Daß er sein Denken anschaut.

Wenn man dieses Diagramm, dieses kleine, das Sie da eben entwickelt haben, mal anschaut, dann macht das ja tatsächlich den Eindruck eines Plastischen.

Ja!

Es ist ja nicht nur in der Fläche gestaltet...

nein –

sondern wenn Sie sich als obere Figur da jetzt mal bezeichnen, und diese Kurve dort zu der dritten Figur hinzugeben – dann hat diese Kurve dahin ja schon etwas Körperhaftes.

Genau.

Ja, was mich noch weiter interessiert, ist – jetzt bleiben wir doch ruhig mal bei Ihrem Arbeitsraum, in dem Sie ja hauptsächlich tätig sind...

welchen Arbeitsraum?

Ja, ich meine jetzt den direkten Arbeitsraum, den Sie da von Staatsauftrag wegen immer noch haben... Sie sind ja Beamter –

Nein. Ich bin kein Beamter... Oberkellner!

Wie?

Oberkellner. Angestellter.

Das heißt...

Im Prinzip bin ich jeden Tag...

kündbar.

kündbar.

Na gut. Das mal nebenbei. Aber Sie arbeiten eben dort hauptsächlich mit an der Akademie. Sie arbeiten ja mit Studenten, mit Schülern. Was mich jetzt interessiert, ist: Sie müssen ja bestimmte Erfahrungen gemacht haben mit Leuten die, meinetwegen also mit ganz verschwommenen Vorstellungen eines Kunststudiums zu Ihnen gingen und tatsächlich dann in solchen Berufen, wie Sie eben erwähnten, Mediziner oder Polizist oder so etwas...

Ja, oder Bankfach. Ich hatte ein paar Studenten, die sind sehr gute Bankleute geworden.

Aber die arbeiten auf solchen Gebieten, in die sie Einblick bekommen haben?

Ja, die sie an der Stelle entwickeln konnten, sagen wir mal ganz einfach.

Und sie stehen auch in Verbindung mit Ihnen?

Ja. Sicher.

Die gliedern sich also auch nach dieser anderthalbjährigen oder noch längeren Tätigkeit in so ein Kernmodell, das ja bis ins Unendliche zu entwickeln ist...

Richtig.

wieder ein.

Ich habe Studenten, die 10 Semester an der Akademie studiert haben, die also sehr gut die Lehrerfunktion schon übernehmen konnten. Ich habe auch Studenten, die überhaupt auf der Akademie bleiben. Die sagen: ich bleibe mein ganzes Leben lang an der Akademie. Als Student. Zum Beispiel der Herzfeld, der Polizist, der hier auch ausgestellt hat.

Und der ist dann auch Polizist?

Ja, ja, der bleibt Polizist. Der sagt aber, ich bleibe auch an der Akademie. Da kann mich keiner daran hindern. Und das ist zum Beispiel für mich eine sehr gute Hilfe in manchen Fällen. Daß also Menschen ohne Sonderhonorar noch Aufgaben übernehmen, anregende Gespräche auch führen, Erfahrungsberichte abgeben usw. Das ist sehr wichtig.

Wobei dieser Akademiebegriff nicht räumlich an Sie gebunden ist, sondern das ist...

ein Weltbegriff. Ich sage immer, die ganze Welt tendiert dahin, eine große Akademie zu werden. Das heißt, das geistige Moment bekommt eine immer größere Bedeutung. Auch im Zuge der weiteren Entwicklung der Technologie wird der Mensch mehr und mehr von seinen Arbeitsplatzbedingungen befreit, und er hat also das Freizeitproblem vor sich. Das heißt, in dieser Freizeit könnte er sich mit der Entwicklung seiner Kreativität, das heißt seiner die Dinge bestimmenden Möglichkeit befassen. Das muß man ihm sozusagen vorentwickeln durch Beispiele, was dabei herauskommt. Beispielsweise, daß er sich als Mensch erst dann richtig erlebt. So wird die Entfremdung überwunden.

Nun haben Sie der Dame, die da vorhin an der Kasse stand, gesagt – die fragte also nach DDR oder sozialistischem System – ja, haben Sie gesagt, da ist ja ein Apparat vorhanden, der dirigiert wird – und man weiß ja, daß so ein System wie die Sowjetunion oder die DDR ganz gegen das Gift des Subjektivismus ist. Gleichzeitig haben Sie aber darauf hingewiesen... haben Sacharow erwähnt und haben gesagt: kleine Tendenzen sind da.

Ob die klein sind oder groß, weiß ich nicht. Sie sind nur verdeckt.

Ja, wir kennen sie nicht in dem Ausmaße. Sind das für Sie nur Hoffnungsschimmer?

Nein. Auch ohne diese Sache hätte ich das gewußt. Denn ich meine, wenn man ein bißchen die Augen öffnet, dann sieht man, daß der Mensch so veranlagt ist. Daß er seine Freiheit verwirklichen will. Ob ihm das selbst bewußt ist oder nicht, das spielt zunächst keine Rolle. Aber ablesbar ist es doch an jedem Menschen – daß er seine Freiheit verwirklichen will. Und daß er nicht nur seine Freiheit verwirklichen will, sondern auch ein inneres Bedürfnis hat nach einer Entwicklung von Sozialität. Daß er also genau spürt, auch wieder jetzt sage ich: bewußt oder unbewußt – daß ein Leben erst ein Leben wird im Sinne des Menschen, wenn ich nicht nur an mich denke, sondern auch möglichst viel abgebe an die andern. Das spürt er auch. Das spürt er – auch wieder in der ganzen Abschattung von unbewußt zu bewußt, bewußter oder ganz unbewußt – es ist im Menschen drin.

Nun gut, würde Ihnen ein Vertreter des Systems antworten, das ist uns altbekannt. Das sagen die ja auch: wir haben zwar 1917 eine 50-Jahresdistanz angesetzt, aber wir erkennen, daß

50 Jahre nicht genug sind. Wir warten eben noch länger ab. Wir kennen die Neigungen des Individuums, können es uns im Augenblick aber nicht leisten ...

Ja, das sagt der Staat – der sagt, wir kennen die Neigung des Individuums, sich gegen ein autoritäres System zu wenden. Aus diesem Grunde wollen wir, nicht wahr, ein System ausbilden, was diese Entwicklung nicht zum Zuge kommen läßt. So handelt das autoritäre System. Grade aus der Erkenntnis heraus, daß das Individuum dahin tendiert, sich gegen Herrschaftssysteme zu wenden, bildet das ... System einen Manipulationsmechanismus aus, um eher etwas Gegenteiliges zu tun, nämlich die Verdummung einzuleiten. An die niedrigsten Triebe zu appellieren. Nicht an den Entwicklungspol im Menschen zu appellieren, an etwas Höheres in ihm, sondern an die niedrigsten Instinkte.

Aber Sie können ja doch z. B. dem System der DDR nicht unterstellen, daß es lediglich an die niedrigsten Triebe des Menschen appelliere und jegliche, freiheitliche, individuelle Entwicklung ... Sie können ja nicht einmal der Sowjetunion ...

Ich will auch nichts pauschalisieren. Das liegt mir fern.

Nein nein. Aber wenn die sagen: wir warten eben noch so lange bis wir eine Konsolidation geschaffen haben, von der aus dann eine wirklich freiheitliche sozialistische ...

Ja, wenn die aber warten, dann ist ja gut! Wer wartet, ist ja gut. Aber dieses Warten wird ein permanentes Warten sein, wird ein hoffnungsloses Warten, wenn man nicht während dieses Wartens ganz aktiv an den Dingen arbeitet. Denn wenn man einfach alles laufen läßt, dann ... sich gar nichts dagegen. Dann sagt man nur: die Dinge regeln sich von selbst. Das ist ja kein Appell an die Aktivität ... Unsere Entwicklung in der Geschichte geht nur aufgrund von aktivem Einsatz weiter.

Herr Beuys, sind Sie nicht der Meinung, daß vieles von dem, was Sie dort eben entwickelt haben, sagen wir mal der zwischenmenschliche Verkehr zwischen Leute, die beruflich und familiär nichts miteinander zu tun haben, daß dieser zwischenmensch-

liche Verkehr – nehmen wir mal wieder das Beispiel DDR, kleineres Beispiel Hausgemeinschaft etc., Arbeitskollegen usw. – daß dieser zwischenmenschliche Verkehr in einem sehr viel stärkeren Maße dort zu finden ist, als hier beispielsweise der Fall ist?

Ja, deswegen habe ich auch bei unserem System angefangen. Bei unserem System, das es phantastisch fertigbringt, den Menschen mit negativen Wirtschaftsinstinkten – denn in ihm sind ja auch egoistische Züge – zu überschwemmen, d. h. an seine niedrigsten Konsumtionsinteressen zu appellieren. Und damit appelliert man im Prinzip an den Neid. Das heißt, man sagt: habt auch Ihr den schönen Wagen gesehen, der in unserer Straße steht? Der Nachbar fährt den Wagen, also muß ich auch den Wagen fahren. Damit appelliert man an den Neid, d. h., was der eine noch nicht hat, muß er möglichst schnell auch herbeischaffen, und so weiter. Ob er's wirklich braucht, wird ja gar nicht... Also die Feststellung des Bedarfs, aus der Aktivität des Konsumenten, ist ja heute hier noch gar nicht vorhanden, sondern umgekehrt: der Markt wird überschwemmt durch Überproduktion, und dann wird Bedürfnis geweckt, wie man das nennt. Und das macht man mit ganz niedrigen Instinkten, indem man mit atavistischen Elementen arbeitet. Im Grunde mit Magie. Man kann ja nachweisen, daß zum Beispiel die Werbung durchaus nach magischer Methode arbeitet, fast wie, sagen wir, alte Religionen gearbeitet haben. Eine Mythologie der Werbung – oder der Magie der Werbung. Man will also nicht an das Fortschrittliche im Menschen appellieren, sondern an etwas Altes, an ganz Altes, also Instinkthaftes, Triebhaftes – ja fast Tierisches, würde man sagen können.

Wann ist Ihnen eigentlich die Idee gekommen, aus der Arbeit eines in sich, sagen wir mal nicht versunkenen, aber in sich abgesperrten künstlerischen Bereichs – ihn so zu erweitern, daß – nehmen wir mal den Begriff des Atavismus aus diesem Kokon da, der sich erweitern kann – das erinnert ja an sich an die Bienenkönigin... wann sind Sie auf die Idee gekommen, daß aus diesem, sagen wir auch mal mythisch-magischen Bereich Sie etwas anderes entwickeln müssen?

Ich würde sagen, das war sogar der Ausgangspunkt, weswegen ich zur Kunst gekommen bin. Weil ich in diesem eng umrissenen Wissenschaftsbegriff ein Bedürfnis hatte nach Erweiterung –, erweiterter Form, sagen wir auch erst mal mehr instinktiv, als Bedürfnis. Das war eigentlich der Ansatz, den Wissenschaftsbegriff zu erweitern, also... den Kunstbegriff zu erweitern, also mehr zu einem interdisziplinären Größeren zu machen. Das war mein Anfang. Es hat sich nicht aus der Tätigkeit des Zeichnens, Modellierens usw. ergeben, sondern umgekehrt: aus der Idee heraus bin ich zur Kunst gekommen. Aus der Idee heraus, mit diesen Begriffen zu arbeiten, bin ich zur Kunst gekommen.

Ich habe ja jetzt einen Zeitpunkt angenommen, der schon Ihre Tätigkeit als Künstler betraf, d. h. also, daß das, was Sie während Ihrer Zeit als, sagen wir mal, Plastiker im konventionellen Sinne gemacht haben – daß das im Grunde Realisate sind, die des Podestes eigentlich gar nicht bedürfen. Das sind Dinge, die am Wege gelegen haben und die da sind und die irgendwo betrachtet werden können – die aber aus Ihrer heutigen Anschauung nicht das bedeuten, was ein Künstlerkollege als die Spuren seines Lebens bezeichnen würde.

Doch, das schon.

Ich meine jetzt, als die Spuren seines Lebens zementieren würde.

Nein nein. Aber Spuren des Weges sind es natürlich trotzdem. Das heißt, meine frühesten Arbeiten sind die ersten Versuche, eine Vorstellung zu fassen im Bereich z. B. der Skulptur, wobei der Begriff der Skulptur bei mir von vornherein der größere war als der von dem Material... mit Material zu arbeiten. So wie der Begriff Sprache – der war bei mir von Anfang an sehr wichtig; daß ich mir bewußt war, daß das Sprechen selbst Skulptur ist. Oder daß das Denken selbst wie eine erste Skulptur aufzufassen ist. Also alles, was menschliches Produkt ist – da ist ein Beginn zu untersuchen, da wo es beginnt. Wie sieht das erste Produkt des Menschen aus, das heißt das erste Ergebnis seines Prinzips »Creator«? Wo fängt das an? Es fängt im Denken an, im Fassen von Ideen. Und daß man die also regelrecht anschaut, daß man sie betrachtet wie eine Skulptur. Daß man dann mit mehr Bewußtsein die weitere Materialisierung zu der Form schafft durch Sprache oder durch Schrift. Es kommt ja im ganzen mehr und mehr materialisierte Form, Ausdrucksmittel kann man sagen... ob es sich um Sprache handelt oder um Schrift oder um Tanz oder um Musik – also Klang – oder Farbe, Malerei – oder Form, Skulptur usw. – hat mich das also von Anfang an in dieser Reihenfolge interessiert. Diesen Zusammenhang, den habe ich gesehen. Und dieser Zusammenhang geht im Grunde ja auch nach rückwärts weiter. Das heißt, wenn ich auf den genetischen Anfangspunkt zu sprechen komme, muß ich natürlich noch weiter fragen. Wo kommt denn dieser genetische Anfangspunkt her? Im Grunde ist man dann sofort gezwungen, erkenntnistheoretisch an die Sache heranzugehen.

Und Sie sind der Meinung, daß das, was Sie erfahren haben – z. B. gehen wir von Ihrem Lehrbereich aus, daß der übertragbar ist auf andere Lehrbereiche, denn in Ihrer Sprache sind ja sämtliche zwischenmenschlichen Beziehungen...

Ich würde sagen: was ich praktiziere, ist ohne weiteres auf die Medizin zu übertragen.

Ja. Oder auf Eltern-Kind-Beziehung?

Ja, ohne weiteres.

So daß also das, was – als ich zum erstenmal das las, wie Sie in Ihrer Biographie, in Ihrer künstlerischen Biographie, einen Punkt anführten, der mir erst gar nicht verständlich war: es war eine Verwundung, die Sie als Soldat gehabt haben, und dann wird ein Punkt genannt, den Sie aus... Erinnerung haben. ...Daß das jetzt also meinetwegen in Eltern-Kind-Beziehung oder in Grundschullehrer-Schüler-Beziehung einbringbar ist – daß das heißt, man müßte versuchen, das, wie man dort arbeitet, jetzt auch retrospektiv zu sich selbst zu erleben.

Das heißt, man muß eine Individualanalyse betreiben. Ich meine, wenn ich sage »man muß«, dann kann man das selbstverständlich nur einleiten ... das wird individuell ganz besonders interessant und aufschlußreich ... Das darf selbstverständlich nicht ein Befehl sein. Aber ich praktiziere das ja insofern, als wir auch Geschichtsanalyse betreiben, d. h. Gesellschaftsanalyse. Wie ist es gekommen, daß wir in diese Situation hineingekommen sind, d. h. unsere gegenwärtige Zivilisation, aus welchen Kräften setzt sie sich zusammen? Und dann kommt man zu einer Erkenntnis. Dann kann man zum Beispiel ein Bewußtsein bekommen: was ist denn der vorherrschende Wissenschaftsbegriff, den man auch als DIE Wissenschaft bezeichnet? Ist das denn schon die ganze Wissenschaft? Oder ist es nur ein Aspekt von Wissenschaft?

Darf ich noch weiter fragen?

Sicher. Unendlich. Das Gespräch geht durch das ganze Leben weiter. Sie können unendlich weiter fragen.

Über mich als Interessenten nicht nur für Ihre Sache, sondern für das, was hier geschieht, entwickeln sich unheimlich viele Gespräche bei mir. Sie sind also indirekt auch lehrhaft tätig. Jetzt fühle ich mich etwas unglücklich, wenn mir die Frage gestellt wird: Ja, sag mal, das ist ja alles ganz schön und gut, was du da von dem sagst, aber wie stehst du denn zu der Frage: wie läßt sich die Tatsache, daß Beuys sich beispielsweise von Schmela verkaufen läßt, daß Beuys seine Werke verkaufen läßt für so und so viele Tausende – wie läßt sich denn das eigentlich vereinen mit dem, was er sonst propagiert? Welche Distanz sieht er selbst dazu, sieht er überhaupt eine? ... ja, Sie winken ab ...

Nein! Ich winke gar nicht ab.

Ich möchte das ganz gerne beantworten können.

Ja, das kann man auch beantworten. Da muß man nur ganz genau vorgehen. Da muß man auch eigentlich biographisch vorgehen. Da muß man feststellen, daß ich meine erste Ausstellung in meinem Leben hatte, als ich bald vierzig Jahre alt war. Das kann man feststellen. Und dann muß man wissen, daß ich bis dahin eigentlich meine Arbeiten alle verschenkt habe, weil das gar nicht in meiner Vorstellung lag zunächst, daß man damit Geld verdienen kann, sondern ich bin in den Prozeß geraten gewissermaßen. Es läßt sich nachweisen, daß 90 Prozent meiner Arbeit verschenkt worden ist. Daß ich erst, als ich Lehrer wurde an der Kunstakademie und wieder nach Düsseldorf kam, nachdem ich sehr lange wieder in meiner Heimat an der holländischen Grenze für mich gearbeitet habe – daß dort erst beispielsweise Herr Schmela auf mich zukam und mich versucht hat zu überreden – also um 1960 herum oder ungefähr 1958 hat er mich versucht zu überreden, eine Ausstellung zu machen. Da habe ich gesagt: eine Ausstellung interessiert mich ganz und gar nicht. Und an einer bestimmten Stelle hat es mich dann doch interessiert, mal die Sache nach außen zu stellen. Weil es immer hieß: warum denn nicht? Du mußt es ja auch mal zur Diskussion stellen, zur Kritik, sonst heißt es, du kommst doch gar nicht zur Beurteilung. Nun gut. Ich hatte dann also diese erste Ausstellung bei Schmela, das läßt sich nachweisen: 1963/64 hatte ich in meinem Leben meine erste Ausstellung. Und dann ist es doch selbstverständlich, nicht wahr, daß diese Dinge entweder ein Interesse finden oder nicht. Das heißt, nun kommen Leute, die sagen: ich möchte das gerne erwerben. Nun – sag ich da – bitte, weiß ich doch nicht, was das kostet. Dann sagt der Kunsthändler: ich würde so und so handeln. Es ist doch belegbar und nachweisbar, daß meine ersten Arbeiten, auch zu diesem Zeitpunkt noch, bei Schmela zu haben waren für dreihundert Mark, zweihundert Mark, fünfhundert, sechshundert Mark...

Ja, ja.

So um diese Preislage herum. Daß sich der hohe Preis eigentlich erst eingestellt hat – ja – viel später; also 1966 fing das mit den hohen Preisen an. Also nach der letzten documenta fing das erst so richtig an. Aber zu diesem Zeitpunkt war der größte Teil meiner Arbeiten ja gar nicht mehr in meinem Besitz. Also das, was jetzt als großer Preis auf dem

Markt erscheint, ist kein Preis, den ich kassiere, sondern dieses Geschäft machen die Vorbesitzer, oftmals diejenigen, die die Sache geschenkt bekommen haben. Nun, ich wollte aber etwas anderes sagen: Es ist doch selbstverständlich, daß ein Künstler das Produkt verkaufen MUSS – es bleibt ihm doch gar nichts anderes übrig, wenn er davon leben will, nicht? Das ist doch auch klar. Entweder tut er das selbst, dann ist er selbst der Kunsthändler in dem Moment, wo das Geschäft stattfindet in seinem Atelier, oder er betraut einen andern damit. Dann müssen sie sich den Gewinn teilen. An sich ist nichts dagegen einzuwenden. Wenn nun auf dem Markt hohe Preise erzielt werden, dann ist das unter Umständen schon nicht mehr ganz richtig. Warum ist es nicht richtig? Das ist ein ganz, ganz komisches Problem, warum das nicht richtig ist. Da kommt man kaum mit.

Ja, ich nicht.

Nein, ich komme im Grunde auch nicht dahinter. Denn da ist nicht hinter zu kommen. Das heißt, wenn eine Briefmarke einen Seltenheitswert bekommt, dann kostet dieses dumme Stückchen Papier unter Umständen eine halbe Million. Aber nur in dem Moment, wo Interesse dafür vorhanden ist – solange es Menschen gibt, die sich für dieses Stückchen Papier interessieren. Auch da ist der Fehler nicht zu finden so ohne weiteres; denn solange es Menschen gibt, denen das Stückchen Papier so viel wert ist, solange wird es auch für das Geld gekauft werden.

Deswegen muß man an einem ganz andern Punkt ansetzen. An diesem Punkt läßt sich überhaupt nichts klären. Sondern man muß jetzt – so habe ich jedenfalls gehandelt – einen Kunstbegriff entwickeln, der so gar nicht handhabbar ist, sondern der jetzt die Kreativität jedes einzelnen Menschen anspricht prinzipiell, und nicht nur im Rahmen des Kunstbetriebes zuhause ist. Sondern der überall zuhause ist.

Der von oben nicht mehr faßbar ist.

Ja, indem man die Kreativität von jedermann anspricht. Hat man aber das – will man das, stellt man wiederum fest, daß auch das Geld kostet. Das stellt man auch wieder fest. Daß man jetzt also wieder den Markt braucht, um das Geld heran zu bringen. Wie man das jetzt macht, da muß einem auch was einfallen, nicht? Wenn ich zum Beispiel ein Büro einrichten will für Direkte Demokratie, dann weiß ich, daß das Geld kostet. Und das Geld kann ich nur da wegnehmen, wo es vorhanden ist. Wo ist es vorhanden? Am meisten ist es natürlich bei denjenigen vorhanden, die das Geld haben – also bei Leuten, die viel Geld haben. Also muß ich sie so mit hineinziehen in diesen Prozeß, indem sie sozusagen die Büros finanzieren. Obschon sie vielleicht von vornherein nicht gewillt sind, einen solchen Gang zu finanzieren, müßte ich ja eigentlich jetzt wieder Kunst... machen, damit beispielsweise dieses weiter kommt, nicht?

Ja, das tun Sie ja, mein ich.

Ja, doch – das tu' ich schon. Aber, sagen wir, ich tue es nur dann, wenn es sich gar nicht mehr vermeiden läßt. Und zwar von beiden Seiten sich nicht mehr vermeiden läßt, von der Finanzierungsseite her und von meiner Idee. Denn ich kann das nicht... ich tue das auch nicht. Nur kann ich das jetzt nicht beweisen – da müssen Sie mir vertrauen oder noch besser den Vorgang beobachten.

Ja, das glaube ich.

Ich mache keine Arbeit, wenn mich diese Arbeit nicht in hohem Maße interessiert. Also ich produziere nicht so irgendwie ein Artikelchen. Ich fange erst an zu arbeiten, wenn das bei mir unvermeidlich ist, unumgänglich ist. Wenn mich das Problem interessiert, dann fange ich an. Sonst fange ich erst gar nicht an. Und es dauert manchmal sehr lange, ehe ich überhaupt an die Arbeit gehe. Weil ich erst mal überlege: ist das überhaupt nötig? Bringt das der Sache eine neue Sache hinzu oder ist das nur die Reproduktion einer schon gemachten Sache? Also ich bin keiner, der einen Artikel produziert.

Nun könnte man doch annehmen, daß die Leute, deren Geld Sie zur Durchsetzung Ihrer Ideen brauchen – jetzt mal abgesehen von dem Verkauf Ihrer Werke an sie – sich mit Beuys umgeben wie mit einem schicken Mäntelchen. Ich nehme jetzt aufgrund der bisherigen Unterhaltung an, daß Ihnen das wurscht-piepe ist, das ist Ihnen egal.

Nein, piepe ist...

Aber letztlich dürfte es Ihnen nicht egal sein, denn diese Leute können Sie ja aufgrund Ihrer hier entwickelten Auffassung nicht anders sehen und nicht anders behandeln als jeden, der sich mit Ihnen unterhält. Ob das ein Student ist oder...

Ohne Vorurteil! Piepe ist es mir also nicht, aber ich sehe gar keine andere Möglichkeit zunächst. Wenn ich Freiheit zum Ausgangspunkt für mein Denken nehme, dann muß ich auch dem Menschen die Freiheit lassen, so zu handeln, wie er zunächst möchte. Er wird aus der Sache heraus schon ganz von selbst erkennen, wo er sozusagen zu kurz gegriffen hat. Also ich meine, die Leute, die sich Kunst anschaffen, nur um damit zu protzen, die werden das im Laufe der Zeit, wenn echtere Begriffe zwischen den Menschen diskutiert werden, schon erkennen. Sie werden also auch nach und nach anders handeln. Und ich habe ja gute Erfahrungen gemacht mit den Leuten, die meine Kunst gesammelt haben.

Ja?

Das heißt, ich habe es meistens erreicht, daß sie die Kunst nach außen gestellt, öffentlich – gestiftet haben. Also der größte Teil meiner Kunst ist jedenfalls öffentlich – gestiftet worden. Hängt nicht über dem Sofa. Oder wo er zu Hause im Privaten untergebracht ist, wirkt er so, daß er ein Kommunikationszentrum bildet, daß darüber diskutiert und gesprochen werden kann, daß er anregend wirkt. Denn es ist ja nichts einzuwenden gegen Menschen, die sich Kunstwerke in ihre Wohnung hinein nehmen.

Nee. Durchaus nicht.

Da ist ja nichts gegen einzuwenden. Da findet doch auch etwas statt. Da kann sich doch auch eine Auseinandersetzung bilden.

Nun gehen wir ja also bei der Unterhaltung davon aus, daß sie schließlich nicht wichtiger oder weniger wichtig sind als die Leute, mit denen Sie arbeiten, mit denen Sie sprechen. Und wir sind davon ausgegangen, daß sich dieses Kokongebilde da ziemlich weit ausbreitet.

Ja.

Der jetzige Student im vierten oder im ersten Semester muß ja eines Tages, oder wird, wenn er nun das einsieht, eines Tages in Ihrem Sinne handeln. Er wird also irgendwann auch mal an einen jetzt noch nicht existierenden Ströher oder sonst irgend jemand herangehen müssen. Und für dieses Herangehen und das Beschaffen von Mitteln zur Durchsetzung – gezeichnet nicht Ihrer Ideen, sondern seiner Ideen – für dieses Herangehen wird jetzt doch innerhalb dieses Kernes, sagen wir mal, werden doch Strategien entwickelt werden müssen. Die können doch aber nicht so aussehen: ja, nun warte mal ab bis Du als Beuys-Schüler eine gewisse Bekanntheit erreicht hast und es Dir leisten kannst, mit dem, was Du gemacht hast, so wie ich es damals mit Schmelas Hilfe oder auch ohne getan habe, an jemand heranzugehen. Warte mal ab. Sondern diese Strategien müssen doch anders aussehen. Wie sehen die eigentlich aus?

Ja, die sehen natürlich so aus, daß man erstens einmal ganz klar sagen muß, daß das nicht das Wichtigste ist für die Kunst, das Verkaufen. Denn wenn einer das viel zu früh ins Auge faßt, wird er niemals ein Mensch werden, der mit der Kunst was zu tun hat.

Es geht jetzt nicht um Kunst.

Doch, um Kunst geht es natürlich. Denn Sie haben doch jetzt einen Studenten charakterisiert, der ein Mensch wird, der im Rahmen dieses weitgefaßten Kunstbegriffs Kunstwerke auf den Markt bringt, weil Sie ja von Ströher gesprochen haben.

Ja.

Sie haben auf einen Sammler verwiesen, der interessiert ist an Produkten der bildenden Kunst...

Darf ich unterbrechen. Da haben Sie mich falsch verstanden. Ich habe an einen Menschen appelliert, der interessiert ist, sagen wir jetzt in zwanzig Jahren, nicht mehr an Objekten, die von einem Individuum hergestellt werden, sondern interessiert ist an der Durchsetzung dieser Ideen.

Das heißt – das ist ja wunderbar! Das will ich ja gerade hervorrufen. Daß solche Leute jetzt allgemein kulturelle Einrichtungen schaffen, die viel weiter greifen als nur kulturelle Einrichtungen, die den Kreis im künstlerischen Spezialistentum abgrasen. Sondern daß die jetzt viel weiter denken – wie weit sie Neugründungen, neue Schulsysteme, neue Kreativitätsstätten ausbilden, die nun die gesamte menschliche Kreativität fördern.

Und Ihr »Modell« impliziert, daß der so angesprochene, ich kann jetzt nimmer sagen, Geldgeber, sondern Mitinitiator, dann mit der Gruppe, die damit schon arbeitet, die sich also vergrößert... etwas zu tun, wogegen sie heute noch kämpfen, nämlich wie Sie's nennen, kulturelle Einrichtungen, sagen wir mal Förderungseinrichtungen nicht mehr staatlich gebunden zu machen, sondern frei. Die Trägerschaft, die sich selbst verwaltet.

Ja. Natürlich. Daran bin ich in hohem Maße interessiert.

Sie werden doch immer wieder hören, und so ganz begreife ich das auch noch nicht: Ja, also gut, so weit es um kulturelle Trägerschaften geht, sagen wir mal Schule – Privatschulen gibt es ja schon immer – so weit gehe ich konform. Wenn aber jetzt – und das ist ja in Ihrem Modell enthalten – wenn das so weit gehen soll, daß durch direkte Volksabstimmung so eine Art Rätesystem entwickelt wird, wo auch die oberste Spitze durch direkte Wahl wählbar ist, wenn dann jemand sagt: das sind träumerische Ideen, die du da hast...

Was soll denn daran träumerisch sein? Heute wird ja auch schon gewählt, nur muß man natürlich jetzt allmählich herausstellen, daß das gar keine Wahl ist. Es ist ja ein freiwilliges Verzichten auf die Wahl. Es ist ja nur ein Bestätigungsvorgang.

Der sagt Ihnen aber: ja, mein Lieber, das kannst du mir sagen. Aber du wirst doch einsehen müssen, daß ich, um das durchzu-

setzen, was du machen willst, bestimmte ökonomische, taktische und institutionelle Einrichtungen schaffen muß, damit so etwas konkretisiert wird.

Also jetzt sind wir wieder ganz handfest auf dem . . .

[Bandwechsel]

...

Und dann kommt man zu neuen Vorstellungen für die Selbstverwaltung, ganz einfach. Dann kommt man zu der Vorstellung der Gesetzgebung durch das demokratische Volk, dann hat man die Verfassung vorliegen. Man unterscheidet da selbstverständlich von vornherein zwischen Gesetzen, die alle abstimmen können, und zwischen Gesetzen, die nur aus Mitgliedschaften verabschiedet werden können, weil Sachkenntnis die Voraussetzung für das Urteil dort ist – unterscheidet man, gliedert man. Und dann schreitet man zur Wahl der Verwaltung. Nun ist das natürlich ein Vorgedachtes. Das muß man wissen. Jetzt denken wir das Modell vor als wäre es schon verwirklicht. Wir können ja jetzt in gegenwärtiger Zeit nur eins tun – denn wir können das gegenwärtige System betrachten. Und nach und nach konkurrierend etwas einpflanzen, was in dem Alten etwas Neues darstellt. Denn an Umsturz sind wir nicht interessiert; weil Umsturz niemals etwas Aufbauendes bringen wird. Das heißt, der schnellste revolutionäre Vorgang ist der, der in die alten Einrichtungen neue einfügt, die beispielhaft wirken. So daß Menschen aus ihrer Erfahrung sehen: Ja, so wirkt es in Richtung der menschlichen Interessen. Ich fordere ja selbst von solchen Neueinrichtungen, daß sie unter Kontrolle – daß sie sich selbst bewähren müssen. Das heißt, daß Menschen sehen müssen, daß es besser ist – erleben müssen, daß es besser ist, nicht? Ich will ja kein politisches Programm ausbilden und sagen: so muß es gemacht werden. Sondern ich will anregen zu neuen, mit den alten konkurrierenden Einrichtungen, um das Alte nach und nach zu überwinden. Genau wie man in einen alten Pflanzenbestand

junge Pflänzchen hineinbaut, weil die alten schon am Absterben sind. Es werden die alten zwar noch eine Weile wachsen mit den jungen zusammen, weil man die alten noch eine Weile braucht im gesamten Bestand. Aber wenn die alten dann weg sind, sind die jungen groß. Nach diesem Verfahren. Das muß sich ablösen also, nach und nach.
Und ein einziges Beispiel würde sehr viel bewirken. Beispielsweise, wenn es mir jetzt gelingen würde, diese Freie Schule für Kreativität und interdisziplinäre Forschung in Düsseldorf einzurichten, dann würde dieses eine Beispiel schon sehr vieles klar machen – in welche Richtung man denken müßte. Aber man stellt sich immer vor, das ist alles viel zu kompliziert geworden. Ja, das ist jetzt so geworden, so kompliziert, in unserem jetzt bestehenden System. Wir meinen, daß es schon viel zu kompliziert ist. Unsere ganze Verwaltungsform im bestehenden System ist ja bereits ein Krebsgeschwulst. Man nennt das ja auch den Verwaltungswasserkopf. Man weiß auch, daß ein Drittel des Volksvermögens da verbraucht wird, also gar nicht produktiv wird, gar nicht effektiv in Richtung Mensch wird, sondern sich selbst verzehrt. Das heißt, das Finanzamt verbraucht schon fast die ganzen Steuern, die es selbst erhält, für seinen eigenen Verwaltungsapparat.

Ja, ja.

Da wurde eben das Beispiel der alten Pflanzen mit den jungen Pflanzen gebracht. Da darf man wohl nicht verstehen – und das liegt doch nicht in Ihrer Intention – dieses Geschwulst, dieses überkomplizierte Gebilde, das heute da ist, durch einen solchen, nennen wir es mal neuen Entwicklungsprozeß langsam abzulösen, daß also entsprechend der Entwicklung, die man vom geschichtlichen Standpunkt aus sehen kann, sich aus ganz primitiven Anklängen wieder etwas entwickelt, was seinerseits dann zwar komplizierter, aber menschlicher wird. Das kann man doch nicht erwarten.

Das würde ja wieder heißen, man müßte erst das Alte ...
tabula rasa machen.

Ich habe Ihnen ja grade ein Beispiel geschildert, wie man in einen Krankheitsherd eine Medizin einfügt, die den Krankheitsherd heilt. Das ist mehr das. Das wirkt therapeutisch, indem man das richtige Präparat an die Stelle führt, wo das Krebsgeschwulst sitzt – und dann im Bereich einer Zone degeneriert, entbildet. Und wenn von der andern Seite jetzt dann eine andere Gruppe, die an diesen Begriffen arbeitet, dasselbe tut, wird nach und nach die Gesellschaftsordnung sich umstellen in eine völlig neue Denkungsart. Daß man über alle Dinge ganz neu beginnt zu denken.

Setzen wir mal den Fall, daß, sagen wir mal ab November, wenn Neuwahlen sind, sich eine solche Entwicklung, wie Sie sie jetzt begonnen haben, sich nicht mehr so ohne weiteres fortsetzen läßt, weil Verdikte zu erwarten sind, die jetzt auf brutale Weise eingreifend wirken.

Das wird wohl nicht möglich sein. Dafür ist die Sache zu genau durchdacht, glaube ich. Denn wenn jetzt hier gegen eine Sache, die echt demokratisch wirkt und die auch nachweislich nichts anderes tun will als die Verfassung verwirklichen – im Gegensatz zu denjenigen, die die Verfassung brechen – dann wird wohl, nicht wahr, wenn ein Verdikt gegen die Sache geschieht, das politische System sich demaskieren müssen. Und unter Umständen ist das ja ein gutes Propagandamittel für die Sache. Das heißt, wir haben die Sache so aufgehängt, daß alles, was jetzt gegen diese Sache geschieht, in unsere Tasche fällt, und nicht in deren Tasche.

Genau. Genau. Es würde sich daraus eine Demaskierung dieses Systems entwickeln.

Richtig.

Aber nicht in deren Sinne; denn die würden nicht etwa sagen: wir demaskieren uns, sondern wir formieren uns um in einem besseren Sinne.

Moment mal. Aber in diesem Falle, wenn sie gegen die Demokratie vorgehen, denn wir wollen ja nichts anderes als Demokratie – denen fällt ja auch dauernd das Wort aus dem Mund »Demokratie« – ...

Ja, ja.

Und das ist Lüge. Aber hier: es läßt sich nachweisen, daß das die Demokratie im Auge hat. Wenn sie dagegen vorgehen, werden noch mehr Menschen erfahren, was das für ein System ist. Und davor haben die Angst. Sie haben also Angst, ihr wahres Gesicht zu zeigen, denn sonst hätten sie uns schon längst den Laden hier zugemacht. Dazu ist es schon jetzt zu spät, daß sie unsere Dinge, die echt demokratische Einrichtungen sind, und die auch eine Mehrheit schon als echt demokratische Einrichtung erkannt hat, schließen können.

Ich gehe also jetzt mal von der Voraussetzung aus, daß also ein von Strauß und Konsorten geleiteter Staatsapparat keine Angst mehr hat...

Ach was! Sicher hat der Angst!

Was?

Och, die zittern doch vor Angst! Angst ist der Begriff für das System überhaupt.

Nee, nee. Also ich muß mich dann wahrscheinlich genauer erklären.

Ich weiß aber, was Sie meinen.

Der hätte dann keine Angst mehr davor, also jetzt die Tür zu schließen, Beuys rauszuschmeißen.

Ja, dann wäre er ja dumm, wenn er keine Angst mehr hätte. Das heißt: in dem Augenblick würde sich die Angst durch die Dummheit ablösen.

Ja, ja. Sicher.

Und das könnte mal sein, daß er so dumm ist. Dann würde ich aber meinen, daß das gegen ihn arbeitet.

Ja, das schert ihn aber nicht.

Er geht aber auf diesem Wege unter.

Ja, ja. Wie lange wollen Sie dann warten? Was mich interessiert, ist jetzt, was Sie dann in dem Augenblick, wo dieses Verdikt per Knopfdruck, nicht per Daumendruck auf Ihren Hut gestempelt wird – was Sie dann machen. Dann müßten Sie ja doch in eine Phase übergehen – wenn Sie dabei bleiben wollen, und das wol-

len Sie doch – die also diesen longitudinalen Charakter, der im Augenblick vorherrscht: dieses Fadenspinnen und dieses Verzweigen – nicht mehr hat, sondern dann müßten Sie ja radikaler werden.

Nee. Radikaler höchstens, nicht wahr, im Denken.

Was?

Radikaler höchstens im Denken. Das heißt, es müßte mir wieder etwas Neues einfallen, wodurch ich diese, sozusagen – diese Ablösungsform ja eben noch besser machen würde.

Ja, aber das ist dann ein Apparat, der Ihnen entgegensteht, also da würde ich persönlich ...

Ja, die können doch mit Panzern kommen! Wenn die Panzer gegen Demokraten fahren, dann werden die Menschen erst erfahren, was Demokratie DENEN bedeutet. Denn nichts ist im Augenblick gefährlicher für das System als Demokratie. Das haben die schon längst begriffen. Und sie wissen auch genau, daß sie gegen Demokratie nicht so vorgehen können wie gegen, zum Beispiel, Kommunismus. Und sie gehen auch nur gegen den Kommunismus so offensichtlich vor, weil sie wissen, der Kommunismus hat sowieso keine Chance. Der Kommunismus ist für das System nicht gefährlich, das weiß man. Denn der Kommunismus ist kein Begriff. Die Mehrheit hat mit Recht ein Mißtrauen gegenüber nun DIESER diktatorischen Form. Die Mehrheit hat kein Vertrauen zu dem Begriff »Diktatur des Proletariates«.

...

Man hat noch keinerlei Erfahrung, welche Argumente das System noch hat gegenüber einem radikalen Freiheitsmodell. Da hat es im Grunde nichts mehr in der Hand. Und es wird im Laufe der Zeit erkennen, daß DAS Modell die eigentliche Gefahr ist sowohl für das, was im Osten existiert, als für das, was bei uns existiert. Das System wird erkennen, daß dieses Modell sowohl das überwinden kann, was man den westlichen Privatkapitalismus nennt, und das, was man den östlichen Staatskapitalismus nennt. Daß das eigentlich die europäische Idee ist zwischen dem amerikanischen Imperialismus und zwischen den Instinkten, die aus dem Osten kommen – die Europa ja im Prinzip zermalmen würden. Denn was ist es anderes, wenn die Amerikaner ihre Atomkraftwerke beispielsweise abbauen, weil sie längst erkannt haben, daß das Schäden haben kann? Und daß die aber ein Interesse haben, daß deswegen die Atomkraftwerke in der Bundesrepublik Deutschland gebaut werden. Daß sie schon Europa ansehen wie eine Art Entwicklungsland, nicht? Und wenn Europa keine eigene politische Idee entwickelt, wird es sehr bald eine Kolonie sein. Dann wird es sehr bald zur dritten Welt gehören. Das heißt: dann wird das Schulwesen eliminiert und ist auf Import von Ost und West angewiesen – ist schon jetzt so, nicht – im Bereich der Technologie und Wissenschaft, der Physik und Chemie ist es weitgehend schon heute so. Aus diesem Grunde wird es dringend notwendig, daß die Europäer sich zusammen tun und eine eigene, eine neue politische Idee ins Leben rufen, die nicht abstrakt konstruiert ist, sondern organisch vom Bedarf des Menschen auf dieser Erde aus gestaltet ist, seinem spirituellen Bedarf, seinem Rechtsbedarf und seinem Bedarf nach einer Wirtschaftsordnung zur Produktion physischer Güter nach der physischen Bedarfsseite hin. Denn sonst wird Europa nicht mehr existieren. Dann wird es zerquetscht durch den internationalen bürokratischen Faschismus, der im Hintergrund steht und bereits sichtbar wirkt, der ausgebildet und vorbereitet ist, die Militärregierung in allen sogenannten westlichen Demokratien zu übernehmen.

Hat sich das System nicht weitgehend abgesichert zum Beispiel durch zwei Dinge, die mir eingefallen sind:
Sie erwähnten den Wasserkopf der Verwaltung – daß die Verwaltungsbeamten schließlich darauf trainiert sind, ihre Position zu verteidigen. Sie brauchen ja so gut wie gar nichts Sinnvolles zu arbeiten. Also haben sie Kräfte genug, die Wichtigkeit ihrer Position darzutun. Daß sie sich einigeln, daß sie sich sozusagen, wie sagt man, in alle Ewigkeit aufrecht erhalten, aeternalisieren. Ich glaube, es gibt in Paris immer noch ein Büro zur Vorbereitung der Pariser Weltausstellung von 1899. Zwei Leute arbeiten noch da, die haben sie einfach vergessen. – Ich meine, das ist ein Gag, aber das Grundprinzip ist gleich.
Das andere ist: Gibt es denn im jungen deutschen Volk, das zur Demokratie – vielleicht mit 20 Jahren – ein gewisses Verhältnis hat, überhaupt eine Mehrheit, die demokratisch denken kann? Oder ist diese Mehrheit, selbst wenn sie es versuchen könnte, nicht bereits in eine unglaubliche Unfreiheit gedrängt worden dadurch, daß das Konsumangebot gewaltig ist; daß jeder dem Konsum hinterherrennt wie die Hunde hinter dem Hasen beim Windhundrennen – der rennt ihnen immer weg – und daß sie sich in Bedürfnisse verstricken, die ungefähr drei Kragenweiten, oder eine Kragenweite, zu groß sind? Daß sie finanziell immer so in der Klemme sind, daß sie nichts tun können als hinter dem Geld herrennen und gar nicht mehr Zeit haben und Kraft dazu, demokratisch zu denken?
Hat sich das System da nicht unglaublich abgesichert?

Aber nun, andererseits, hat das System im Grunde doch kein Menschenbild. Das System weiß nicht, daß der Mensch im Grunde nicht in alle Ewigkeit zu manipulieren ist, sondern daß es da eine Stelle gibt, wo das rückläufig wird. Und wir sehen das schon ansatzweise. Das heißt, wenn das zur Gänze so wäre, wie Sie sagen, würden wir überhaupt kein Interesse wecken mit diesem hier. Wir stellen aber fest, daß mehr und mehr Menschen zu DIESEM kommen, das heißt, daß das nur noch größer werden kann. Wir sehen, daß das wächst. Und daß durchaus nicht diejenigen, die Beamte sind, davon eine Ausnahme machen. Denn es gibt auch schon heute Beamte, die am liebsten ihren Beamtenstand in die Ecke pfeffern würden, aus Erkenntnis. Denn auch im verwalterischen Wasserkopf gibt es ja denkende Menschen, und auch fähige Menschen gibt es da. Man kann ja niemals sagen: der Beamte ist ein Idiot. Das kann man nicht. Das ist ja ein anonymes System. Hier wird ja überhaupt nicht die Sache personal gesehen, sondern sie wird von einer anonymen Kraft her gesehen. Da ist keiner. Das ist ein – ja, Dibelius hat mal gesagt: das Tier aus dem Abgrund. Das ist eine anonyme Kraft. Und viele Menschen, in allen Positionen, ob Beamter, oder sagen wir mal, Polizist, sehen heute die Dinge schon. Auch die Polizei steht nicht in alle Ewigkeit den Machtausübenden zur Verfügung. Denn auch die Polizei macht einen Lernprozeß durch. Auch Polizisten sind ja Menschen. Warum sollen nicht Polizisten an einer neuen Gesellschaftsform ein Interesse finden können. An Demokratie beispielsweise? Und auch Polizisten dämmert es doch heute schon hie und da, daß sie dafür eingesetzt sein müßten, um die Mehrheit vor den Übergriffen einer Minderheit zu schützen, die Macht ausübt. Das haben heute auch schon viele Polizisten begriffen. Das ist nun noch nicht generell da, dieses Bewußtsein, aber es deutet sich an. Und diesen Keimpunkt, den muß man ganz behutsam pflegen und stärken. Das heißt: da muß man ganz menschlich an die Sache heran.

Bloß, ist der Polizist nicht auch abhängig...

Ja, aber nicht zur Gänze.

wenn er sich sagt: meine Schutzrolle, die muß ich spielen, damit ich mein Gehalt verdiene, um meine Frau und meine Kinder...

Sicher

wenn ich mir jetzt sage: Eigentum ist Diebstahl, ich schütze das Eigentum nicht mehr – dann ist das sicherlich menschlich sehr vernünftig, was ich tue, aber dann verliere ich meinen Job und stehe auf der Straße mit einem Zeugnis, wo ich woanders kaum ankommen kann.

Aber man braucht doch nicht gleich so weit zu gehen, daß man seinen Job verliert.

Das ist richtig.

Man kann doch zum Beispiel mit dem andern Polizisten über die Begriffe sprechen. Man kann – nicht wahr – im Gespräch doch sehr viel erledigen. Bei den Konferenzen kann man sehr viel vernünftige Entscheidungen treffen. Auch beim Polizeieinsatz kann man über die Dinge sprechen. Also da kann man ja Fortschritte machen, ohne gleich seine Existenz zu gefährden.

...

Der Polizist, der ein Bewußtsein davon hat, daß er etwas bewirken kann, wird ja einen Wert darauf legen, daß er in der Institution bleibt. Das heißt, er wird doch erkennen das, was Rudi Duschke gesagt hat: der lange Weg durch die Institutionen. Indem man also wirklich taktisch denkt. Indem man sagt: Gut, es geht nicht heute alles in einem Schritt zu machen, ich kann heute grade diesen Schritt tun. Ich kann morgen wieder einen kleinen Schritt tun. Und wieder einen. Und wieder einen. Und wieder einen.

Da schützt sich das System aber in einer, sozusagen noch perfideren Konstellation. Jemand, der so viel Einfühlungsvermögen hat und so viel Intelligenz, daß er das tun kann, dieses Hundertstel, was Sie gerne möchten, der wird doch automatisch so viel Chancen haben, höher zu steigen, in ganz andern Positionen mehr zu verdienen, daß er letztlich sich doch durch's Geld korrumpieren läßt und höher steigt. Und wenn er erst mal über den Normallevel verdient, dann wird er noch vorsichtiger taktieren, damit er seinen Job nicht verliert.

Das ist möglich, aber es ist nicht eine Grunderkenntnis.

Denn man kennt ja auch Menschen, die sozusagen sich nicht korrumpieren lassen. Und diese Kraft im Menschen zu fördern, daß der Ansatz sich nicht wieder korrumpieren läßt, das muß ja unsere Arbeit sein. Das muß ja unser aller gemeinsame Arbeit sein.

...

Wenn da ein Berühmter ein Lied singt, dann kann man das, wenn das ein Hit ist, einemillionfach ausdrucken. Und wenn Sie Ihren intelligenten Volksschullehrer oder Polizisten haben – wenn er durch ein paar Knopfdrücke das 500 000 Kindern mitteilen könnte, die dann 10 Jahre später entsprechend handeln würden aufgrund des Multiplikationsfaktors, dann wäre das schön. Aber der kann in einer Klasse vielleicht in drei, vier Herzen diesen Samen säen, und wenn die später im Beruf sind und Geld verdienen, dann haben sie das vielleicht vergessen – als interessantes Jugenderlebnis, wie eine romantische Liebe abgetan. Ist das nicht auch eine Gefahr?

Das geht aber von der Voraussetzung aus, daß jeder Mensch sich durch Geld korrumpieren läßt. Das ist nicht richtig. Es läßt sich manch einer durch Geld korrumpieren, aber nicht jeder. Ein anderer wird sogar Wert darauf legen, daß er höher kommt und mehr Geld verdient, um dieses Geld dann für den Zweck einzusetzen, der ihm im Auge steht, um einfach mehr bewirken zu können. Also wenn man das so einfach, so kalt von der Systemforschung her sieht, dann sieht das so aus, als würde es stimmen. Aber das stellt nicht die komplizierte, reiche Natur des Menschen in den Mittelpunkt der Betrachtung, der aus Erlebnissen heraus, aus seelischen Erlebnissen heraus, sich gar nicht korrumpieren läßt – wenn er neue Ideen im Auge hat, die er für viel wichtiger hält, wofür er unter Umständen viel riskiert.

Das lehrt ja auch die Geschichte.

Eben.

Ich bin zum Beispiel – ich bin Lehrer. Und ich habe die Erfahrung gemacht, daß – ich bin jetzt 12 Jahre im Dienst – von ziemlich vielen Schülern, die bei mir gewesen sind, einige wieder kommen, mit denen unterhalte ich mich über solche Ideen. Und es sind einige darunter, die trotz dieser gesetzten Verlockungen jetzt nicht Richter werden, weil sie Jura studiert haben, sondern die sagen sich: nee, nee, ich habe bestimmte Einsichten gewonnen und studiere zu dem Jus, was ich da gemacht habe, jetzt auch noch Ph. an der pädagogischen Hochschule, um nicht Gymnasiallehrer zu werden wie du, sondern ich will Volksschullehrer werden. Und sie tun damit ihr Jura-Studium nicht ab, sondern sie bringen das, was sie da erkannt haben, in diese Volksschullehrertätigkeit mit ein und wirken – das mag man ja heute schon gar nicht mehr so nennen – die wirken tatsächlich an der Basis. Die gehen in Dörfer, wissen ganz genau, welche Schwierigkeiten sie dort erwarten, und wenn da das Wort »Behutsamkeit« noch einmal erwähnt werden darf, dann koppeln die das Anerziehen von Behutsamkeit, von Menschlichsein auch mit einem Begriff, der wieder aus dem herkömmlichen deutschen Sprachgebrauch mit Behutsamkeit nichts zu tun hat, nämlich mit List. Ja, die sagen: wenn du existieren willst und wenn du diese Ideen durchsetzen willst, dann kannst du das nicht mit »hier ist mein Hemd, hier ist meine Brust, schlag's nicht«, sondern »hier sind die Knöpfe« – dann machst du's zu, und dann kaschierst du erst einmal deine verletzbare Person, um länger durchhaltefähig zu sein. Das geht hin bis ins, ja, sagen wir mal, psychosomatische Training.

Ja.

Bloß, wo ist der Multiplikationseffekt? Was kann man tun, um das zu steigern? Ich meine, daß solche mutigen Männer existieren, ok, und daß sie auch an der Basis wirken. Aber wie können die sich, sagen wir mal, so vervielfältigen wie etwa ein Schallplattenstar, der in einer Woche 40 Millionen Schallplatten herausgibt, und er ist bekannt?

Vervielfältigen, das können Sie nur mit einer zündenden Idee, die möglichst viele überzeugt.

Ja, und eine zündende Idee bleibt nicht beim Einzelnen, sondern die ist in sich schon Initiationsfunke, und wenn dieser Initiationsfunke tragfähig genug ist, ergibt sich daraus mit dem, was Sie Multiplikator nennen, eine Organisation. Man organisiert sich. Und die Leute, die ich kenne, die so arbeiten, die organisieren sich nicht dadurch, daß sie ab und zu ein Telephongespräch führen, sondern die sind, parteigebunden oder nicht, eine Organisation, die sich ständig vergrößert. Die nicht an topographische Räume gebunden ist, sondern durchaus an, sagen wir ruhig mal, geographische Räume und überregionale – das braucht nicht auf ein Bundesland beschränkt zu sein.

Nee.

Geht denn das ohne Funktionäre?

Ja, im Augenblick funktionieren die so, daß sie alle selbst Funktionäre sind.

Ja. Er ist ein Funktionär, ich bin einer. Funktionär ist ja ein böses Wort, so wie es klingt. Ich meine: das sind Organisatoren, sagen wir mal. Ja: im Moment sind das Organisatoren, die dieses organisieren, jenes organisieren, das organisieren und das. Und die an einer Organisationsform interessiert sind, die nach und nach sozusagen sich überschneidet, indem Zellen gebildet werden, Netzarbeit betrieben wird – die ihren Umkreis immer erweitern. Also die erste Organisationsform ist die Organisation zum Zwecke der Information, der Schulung der Begriffe. Und erst wenn die Begriffe angekommen sind, durch das organisierte, direkte – durch das planvolle Wirken, werden die Menschen ihrem Erkenntnisinhalt, den sie ja dort vermittelt bekommen, entsprechend handeln; bis alle Menschen gemeinsam organisieren, indem sie sich an Aufgabenstellungen solidarisieren, beispielsweise ein neues Gesetz schaffen nach einem verfassungsmäßig garantierten Instrument.

...

Das heißt, deswegen kann man immer nur davon sprechen, daß das eine Prinzip mit dem andern ja konkurrieren muß. Mehr kann man sowieso nicht sagen für die nächste Phase. Denn kein Mensch kann die politischen Parteien zum Verschwinden bringen. Man kann sie nur dadurch zum Verschwinden bringen, daß das Prinzip konkurriert mit dem andern und eines Tages von allen Menschen akzeptiert wird als das bessere, wenn man mit politischen Parteien keinen einzigen Hund mehr hinter dem Ofen hervorlocken kann.

...

Der Streit, den Sie da haben mit den Parteien...

Ein Streit ist überhaupt nicht im Gang. Ein Streit kommt ja erst dann richtig zustande, wenn man diskutieren kann mit diesen Politikern. Aber die kneifen doch. Die stellen sich doch gar nicht zur Diskussion.

Es gibt eine Presseauseinandersetzung mit Ihnen.

Auseinandersetzung nicht. Da gibt's Verurteilung. Da gibt's Attribute für meine Tätigkeit. Da wird gesagt: Das ist ein naiver Quatsch, das ist ja auch ein Künstler – ja nun – dem ist Narrenfreiheit zugestanden. – Das ist das letzte absurde Theater – Als Kunst mag's hingenommen sein, aber als Politik ist es fürchterlich unwichtig.

Das ist doch keine Auseinandersetzung.

Sie dürften das nicht verraten, daß Sie Künstler sind.

Nein – das ist mir sogar sehr wichtig. Denn ich will ja nachweisen, daß nur die Kunst eine Zukunft schaffen kann. Jetzt allerdings habe ich natürlich den Begriff Kunst schon erweitert. Ich spreche von der Kreativität und Selbstbestimmung – von der Möglichkeit, die in jedem Menschen liegt, sich selbst zu bestimmen. Denn wenn man Selbstbestimmung nennt...

Das ist wunderbar, wenn das möglich wäre!

…muß man auch das Organ nennen, mit dem man sich selbst bestimmen kann.

Aber in der Politik trifft das zum Beispiel auf ganz andere Voraussetzungen – das ist Ihnen doch auch klar – als in der Kunst. Da können Sie sozusagen machen was Sie wollen.

Nein, nein! In der Kunst kann man gar nicht machen… Wenn man macht, was man will, wird's bestimmt ein großer Salat. Wenn man sich nicht an eine innere Gesetzmäßigkeit der Dinge hält, dann wird niemals eine Qualität daraus entstehen – also niemals eine Gestalt wird daraus werden.

Aber das ist dann Ihre innere Gesetzmäßigkeit.

Nein. Das ist nicht nur meine innere, sondern meine innere hängt zusammen mit allen anderen »objektiven« Gesetzmäßigkeiten. Das heißt: das muß man in eine Einheit fassen.

Ich kann mir überhaupt nicht vorstellen, wie Sie alle Menschen dazu bringen wollen, daß sie dazu fähig sind.

Das ist eine selbstverständliche Sehnsucht jedes einzelnen Lebens im Menschen. Da will ich den gar nicht 'zu bringen, da will er sich im Prinzip selbst 'zu bringen. Es muß ihm doch nur geholfen werden. Dem Kind muß von den Eltern geholfen werden, dem Kind muß von den Lehrern geholfen werden – auch dem Erwachsenen; denn jeder Mensch ist ein Kind in gewisser Weise. Denn niemals ist ein Mensch abgeschlossen in seiner Entwicklung. Es müßten sich alle mehr mal als Kinder verstehen, die in Entwicklung sind und die im Grunde ein Interesse daran haben, sich weiter zu entwickeln. Das ist wichtig, daß das mal kommt, daß man nicht sagt, mit 40 Jahren ist einer nicht mehr belehrbar, da kann er schon gleich zum alten Eisen geworfen werden. Dann ist man ja auch schon ziemlich nahe dabei, den wieder zu vergasen; dann könnte man ihn ja eigentlich verschrotten. Also den Menschen wie eine Maschine zu betrachten, der nur im Wirtschaftsleben eine bestimmte

Funktion erfüllen kann – zum alten Eisen gehört... den müssen wir mal überwinden.

Wir sind ja auch im Zeitalter der vollkommenen Manipulation. Im Wirtschaftsapparat, da sind alles so abstrakte...

Ja, das können wir doch wieder umstellen, indem wir gegenmanipulieren. Denn Manipulation ist nicht das schlechteste, sondern nur die Manipulation aus einer Richtung ist das schlechte. Manipulation heißt sonst handhaben – der Welt. Der Mensch muß alle Dinge handhaben. Alle Dinge. Der Bauer muß mit seinen Tieren und mit seinem Boden umgehen. Der Lehrer muß seine Pädagogik handhaben. Alles muß gehandhabt werden. Der Chemiker muß seine Versuchsanordnung handhaben. Also Manipulation ist nicht schlecht, wenn sie von allen Menschen vollzogen wird. Wenn nicht eine kleine Machtgruppe sich den ganzen Manipulationsapparat an die Brust zieht und aus einer Richtung steuert. Dann wird erst Manipulation negativ. Also die Entfaltung der freien Persönlichkeit, die konkurrierend auftritt. Erkenntnis gegen Erkenntnis, möglichst vielfältig, setzt erst die Kreativität und Produktivität in die Welt und schafft erst Geschichte.

Die Information ist in der Hand weniger. Und warum? Weil man dazu Apparate braucht, die ungeheures Geld kosten.

Meint man.

...Das ist ein notwendiger Vorgang. Das ist eben sachlich bedingt.

Eine notwendige Erkenntnis ist, daß es Schulungsmedien geben muß und Informationsmedien. Aber es ist auch eine notwendige Erkenntnis, daß diese Schulungsmedien nicht in die Klauen derjenigen im Wirtschaftsleben geraten, die auf Profit aus sind.

Ja, das ist mal richtig.

Also muß man einen Grundsatz erkennen: Eine demokratische Ordnung wird sich das Informationswesen nicht der Wirtschaft zuordnen, sondern dem sich selbst verwaltenden autonomen Schul- und Hochschulwesen. Denn diese Medien: Presse, Rundfunk, Fernsehen sind Schulungsmedien. Sie gehören von der Natur der Sache dem Geistesleben an. Sie dürfen gar nicht in die Wirtschaftsinteressen kommen. Es wäre allerdings nichts dagegen einzuwenden, wenn die Wirtschaft sich einen eigenen Fernsehkanal schaffen würde, um über Wirtschaftsfragen zu sprechen. Aber diese Verquikkung von Wirtschaftsinteressen mit Informationsvorgängen als geistige Vorgänge, das ist das Fatale. Wiederum da zeigt sich die Notwendigkeit, daß man die Prinzipien auseinanderflicht. Also eine große Entflechtung ist notwendig.

Man macht das ja teilweise. Also, die Rundfunkanstalten sind Anstalten des öffentlichen Rechts, sie sind ja nicht dem Staat unterworfen.

Ja, sicher sind sie dem Staat unterworfen. Gucken Sie mal: die Redakteure sind nach Proporz besetzt.

Ja, ja. Aber immer noch besser als einen Staatsrundfunk, den es auch gibt woanders.

Wir haben aber praktisch einen Staatsrundfunk. Praktisch ja. Die Redaktionen sind nach Proporz besetzt. Es wird vielleicht heute ein Körnchen besser. Es wird ein Körnchen besser. Und wodurch wird's besser? Weil viele junge Leute hinein nachwachsen. Die einfach nicht mehr so... die querliegen, ganz einfach. Und die unterstützen unsere Intentionen nach einer Befreiung des Informationswesens aus der Machtstruktur. Und das muß man natürlich fördern.

Wenn Sie mir mal konkret sagen, wie z. B. eine Presseagentur, die man unbedingt braucht, um informiert zu werden, wie die dann zustandekommt.

Aufgrund von Interesse. Und aufgrund von Bedarf.

Dazu brauche ich dann einen Apparat.

Sicher – brauche ich wiederum eine Organisation. Das heißt: dazu brauche ich eine Presseagentur, ganz einfach. Aber nicht eine Presseagentur, die zum Beispiel finanziert wird von Wirtschaftsinteressen.

Wer finanziert sie denn?

Aus dem Mehrwert. Durch die Verteilerorganisation, die vom Volk gewählte und bestallte Einrichtungen sind. Also dieses Kapital in kulturelle Aufgaben verteilen. Eine Patentlösung kann ich hier auch jetzt wieder nicht nennen. Man muß erst diesen Weg beschreiten, und dann wird sich eine praktikable Lösung dafür auch ergeben. Es handelt sich um Schenkung aus dem Volksvermögen an kulturelle Einrichtungen. Und diejenigen, die mit der Schenkung arbeiten, müssen nachweisen sozusagen, daß sie aufgrund von Recht, also aufgrund einer Arbeit, die im Sinne der Menschen arbeitet, weitere Schenkung bekommen können. Eine Schule muß etwas Ähnliches nachweisen können.

Mit direkter Abwahl auch. Das muß man ja voraussetzen, daß auch in einem solchen System die Überwachung der Gelder funktionieren muß.

Natürlich.

Da gehört doch eine gewisse Stabilität dazu.

Auch das mag möglich sein. Es mag sogar unter Umständen ein gewisser Konservatismus an gewissen Stellen angebracht sein.

Ja. Rein sachlich begründet.

Durchaus.

Wenn das jedes halbe Jahr wechselt – der Neue, der in so eine Materie hereinkommt, der weiß ja gar nicht Bescheid.

Aber das ist doch eine Organisationsfrage. Warum sollen Menschen, die heute zum Mond fliegen können, nicht eine neue Gesellschaftsordnung ...

Das ist viel schwieriger! Ich will nicht sagen, daß man sich nicht anstrengen soll. Aber es ist viel schwieriger als ein technisch einwandfrei vorherbestimmbarer Prozeß.

Das mag sein, daß es noch schwieriger ist. Aber die Schwierigkeit ist doch lohnend. Was schwierig ist, ist auch meistens wichtig. Man kann doch nicht, wenn eine Sache schwierig ist, aufhören mit der Arbeit, weil sie zu schwierig ist.

Nein. Im Gegenteil

Für uns ist das grade ein Anreiz. Wenn das leicht wäre, könnte ich jetzt noch ein Mittagsschläfchen halten.

Natürlich. Hoffentlich haben Sie es jetzt nicht nötig!

[Lachen]

Haben Sie Resultate?

Ja. Das erste Resultat ist ja ein Echo.

Wenn Sie nicht zu rasch sprechen wollen.

Wir haben ein gutes Echo, das heißt, wir finden viel Interesse.

C'est ça. Oui. Ich habe diese Dokumentation gestern gelesen und sehr prägnant gefunden. Très. Tout à fait ce que vous dites sur Schiller. »Die ästhetische Erziehung des Menschen«. Ça m'a paru très sérieux, n'est-ce-pas, sehr ernst.

Aber auch lustig,

Oui,

ernst und lustig.

Les deux.

Je suis Directeur du Musée des Beaux Arts de L. Je suis le Président International des Critiques d'Art d'ailleurs.

...

Je connais les travaux de Beuys depuis longtemps.

Ce que je trouve intéressant c'est ce problème de l'art et la politique. Ça c'est intéressant.

...

Moi je trouve que c'est ça qui m'a frappé: L'art n'est pas en dehors de la cité, l'art est dans la »polis«, la polis au sens grec, politique.

Ja. Die Kunst als die einzig revolutionäre Kraft.

Ja, das glaube ich gründlich selber. Vraiment. Mais je suis frappé – ich war erstaunt, als ich gestern und heute morgen – wie viele Leute hier kommen.

Ja, hier kommen unheimlich viele Leute. Wir haben sehr

viele Menschen getroffen. Und auch sehr viel internationales Interesse gefunden.

Oui, oui. Und man fühlt, daß es nicht eine Attraktion ist, n'est-ce-pas? Ce n'est pas du tout ça. Sie sagen auch: ernst und lustig. Humor.

Menschlich.

Voilà, c'est ça.

Nach einhundert Tagen endet die *dokumenta 5* am 8. Oktober 1972. Am 11. Oktober 1972 wird Joseph Beuys vom Wissenschaftsminister des Landes Nordrhein-Westfalen, Johannes Rau, fristlos entlassen.

Bitte beachten Sie
die folgenden Seiten:

Jost Hermand

Kultur im Wiederaufbau

Ullstein Buch 34551

Ullstein Sachbuch

»... Mit großer Bewunderung konstatiere ich, wie geschickt der Autor das unübersehbare Material ›organisiert‹ und disponiert; welche erhellenden Einblicke er in die äußeren und inneren Strukturen des Kulturlebens vermittelt, wie er Wesentliches fokussiert und souverän, mit Witz, Ironie und tiefer Bedeutung, seine Erkenntnisse artikuliert.«
(Frankfurter Rundschau)

Jean
Cocteau

Kino
und Poesie

Notizen

Ausgewählt von Klaus Eder

Ullstein Buch 36071

Ullstein KunstBuch

»Ich bin kein Filmemacher. Ich bin ein Dichter, der die Kamera als ein Vehikel benutzt, das es allen ermöglicht, gemeinsam ein und denselben Traum zu träumen – einen Traum, der nicht Traum im Schlaf ist, sondern Wachtraum, der nichts anderes ist als jener irrealer Realismus, jenes Wahrere als das Wahre, das man eines Tages erkennen wird als das wahre Kennzeichen unserer Zeit.«

Jean Cocteau

Bernard Campbell

Ökologie des Menschen

Unsere Stellung in der Natur von der Vorzeit bis heute

Ullstein Buch 34390

Ullstein Sachbuch

Wir wollen und müssen wieder mit der Natur leben, nicht mehr gegen sie. Der Mensch hat in seiner Entwicklung immer neue Formen der Gemeinschaft, des Wohnens und der Ernährung gefunden, um die Angebote, die ihm seine Umwelt macht, sinnvoll zu nutzen. Der Anthropologe Campbell zeigt an repräsentativen Beispielen aus der Evolution, wie solche Lebensstrategien funktioniert haben und unter welchen Bedingungen sie auch heute funktionieren können.

Bernhard Grom
Norbert Brieskorn
Gerd Haeffner

Glück

Auf der Suche nach dem »guten Leben«

Ullstein Buch 34370

Ullstein Sachbuch

Wie kann ein »gutes Leben« gelingen? Diese Frage wurde zwar seit Aristoteles immer wieder gestellt, von den modernen Humanwissenschaften jedoch erst in neuerer Zeit ernsthaft aufgegriffen. Was »Glück«, »Lebenszufriedenheit« und »Sinnerfüllung« ausmacht und ermöglicht, wurde in den letzten Jahren zum Inhalt der Lebensqualitätsforschung. Welche sozialen Bedingungen und welche persönlichen Voraussetzungen haben die Sozial- und die Persönlichkeitspsychologie ermittelt? Was ist aus der Sicht der Politischen Theorie, der Philosophie, einer reflektierten Religiosität und auch lebenspraktisch zu diesem vielschichtigen, urmenschlichen Thema zu sagen?